이원복 교수의
세상만사 유럽만사

이원복 교수의 **세상만사 유럽만사**
이원복 글·그림

1판 1쇄 발행 2010. 3. 11. | 1판 17쇄 발행 2022. 12. 30. | 발행처 김영사 | 발행인 고세규 | 등록번호 제406-2003-036 호 | 등록일자 1979. 5. 17. | 경기도 파주시 문발로 197(문발동) 우편번호 10881 | 마케팅부 031)955-3100, 편집부 031)955-3200, 팩스 031)955-3111 | 이 책의 저작권은 저자에게 있습니다. 서면에 의한 저자의 허락없이 내용의 일부를 인용하거나 발췌하는 것을 금합니다. | Copyright ⓒ 이원복, 2010 | 값은 뒤표지에 있습니다. | ISBN 978-89-349-3682-4 07920 | 홈페이지 www.gimmyoung.com | 블로그 blog.naver.com/gybook | 인스타그램 instagram.com/gimmyoung | 이메일 bestbook@gimmyoung.com | 좋은 독자가 좋은 책을 만듭니다. 김영사는 독자 여러분의 의견에 항상 귀 기울이고 있습니다.

이원복 교수의
세상만사 유럽만사

《먼나라 이웃나라》
유럽
완결 편

김영사

머리말

 동구권 몰락 이후 이데올로기 대립의 시대에서 자본주의 경제 전쟁 체제로 전환되면서, 세계 경제·문화는 빠르게 글로벌화하고 있습니다. 또한 이에 못지않게 미국, 유럽, 동아시아의 3극 대립 체제가 더욱 격심해지고 있습니다. 특히 구소련의 몰락 이후 미국이 유일한 초강대국으로 군림하면서 세계 질서를 재편시킨 결과, 이제는 견제가 사라진 극단적 자본주의로 인해 부의 편중 등 심각한 위기의 조짐까지 보이고 있는 실정입니다.

 인류의 미래는 동아시아와 유럽이라는 강력한 견제 세력의 부상을 통하여 하루속히 전 세계의 균형을 잡는 데 그 열쇠가 있다고 해도 지나친 말이 아닙니다. 이러한 세계 정세 속에서 유럽은 새로운 의미로 우리에게 다가오고 있습니다. 하지만 우리에게 알려진 유럽은 G7에 속하는 몇몇 나라로 극히 제한되어 있는 것이 현실입니다. 이것은 우리가 세계의 정세를 정확히 파악하는 데 결정적인 약점입니다. 이제는 유럽 전반에 대한 정확한 정보와 이해가 시급하며, 21세기를 살아가는 우리에게 꼭 필요한 것입니다. 이 점이 바로 필자가 의도적으로 유럽을 주제로 다루는 이유입니다.

 유럽에 관해서는 이미 《먼나라 이웃나라》 유럽 편에서 다룬 적이 있습니다. 하지만 유럽을 다루었다고는 하나 역시 몇몇 나라에 제한되었고, 동구권이나 북유럽 등 전반적인 유럽을 다루는 데는 한계가 있었습니다. 특히 40여 개에 이르는 유럽의 모든 나라를 다루자면 평생이 걸려도 하기 어려운 작업입니다. 그래서 유럽 나라들을 효과적으로 소개할 수 있는 방법을 찾게 되었는데, 바로 그것은 역사적으로 접근하는 방법이었습니다. 물론 10쪽 가량의 만화에 기나긴 유럽 민족국가들의 역사를 압축한다는 것 자체가 무리임에는 분명합니다. 하지만 이 책은 지금까지 우리에게 너무도 생경하고 낯설었던 동유럽·북유럽의 나라들을 망라하여, 그 나라 역사의 맥과 문화, 그리고 교훈 등을 차근차근 짚어나가고 있습니다. 따라서 독자들은 이 책 속에서 유럽 여러 나라들의 다양한 민족과 국가 형성 과정, 그리고 독특한 민족성과 문화 차이, 최근 이슈가 되고 있는 시사 문제 등을 재미있게 이해할 수 있을 것입니다.

이 책은 말하자면, 절실한 시대적 필요성에 따라 우리에게 경쟁자이자 동반자이며 미국 독주 체제를 견제할 협력 대상으로서 유럽을 좀 더 잘 이해하기 위한 역사 다이제스트이자, 사실상 《먼나라 이웃나라》 유럽 완결 편이기도 합니다.

세계를 알고 싶어 하는 초·중·고 학생들과 견문을 넓히고자 해외 여행을 준비하는 대학생들은 물론, 세계를 무대로 비즈니스 현장을 뛰어다니는 기업인들에게 조그마한 도움이라도 된다면 그보다 더 큰 기쁨과 보람은 없을 것입니다.

2000년 6월

이 책이 세상에 나온 지 벌써 10년이 흘렀습니다. 그 사이에도 세상은 빠른 속도로 바뀌었고, 특히 유럽 연합(EU)은 현재 27개국의 거대한 규모로 불어나 인구만 해도 미국을 능가하고 있습니다. 이제 유럽은 과거와 달리 우리 상품이 수출되는 가장 중요한 시장이 된 것입니다. 아울러 유럽에 대한 관심 또한 날로 증가하는 추세입니다. 여기에 맞추어 이미 출간된 이 책을 수정하고 보완하여 다시 펴내는 바입니다. 또한 컬러 시대에 사는 젊은이들의 취향에 맞도록 올컬러판으로 바꾸었습니다.

유럽으로 여행 가는 사람, 또는 유럽의 정보를 필요로 하는 사람들에게 조금이라도 유익하고 도움이 된다면 작가에게는 커다란 기쁨이 될 것입니다.

개정판을 내며, 2010년 2월
이원복

머리말 ··· 4

유럽 지도를 바꾼 15가지 대사건 ································ 12

세계 제국의 여명과 황혼 **영국** ································ 30
800년 압제의 굴레 속에서 단련된 민족 **아일랜드** ········ 40
어제의 영광은 내일을 밝힐 힘이다! **프랑스** ··············· 50
격동의 역사에 드리운 영광과 비애 **스페인** ················ 60
머나먼 수평선 너머로 첫 돛을 올리다 **포르투갈** ········· 70

중부 유럽

민족 재통일의 신화를 이룬 게르만족 **도이칠란트** ········ 82
자유를 위한 투쟁으로 큰 나라 **베네룩스 3국** ········ 92
하나의 나라 YES, 하나의 방식 NO! **스위스** ········ 106
K&K 시대의 영광을 그리며 **오스트리아** ········ 116

북부 유럽

스칸디나비아에서는 우리가 맹주다! **덴마크·아이슬란드** ········ 128
바사 대왕의 영광을 꿈꾸는 바이킹의 후예들 **스웨덴** ········ 138
스칸디나비아 최빈국에서 최부국이 되기까지 **노르웨이** ········ 148
핀란디아, 우리들 투쟁 정신의 노래! **핀란드** ········ 158

동부 유럽

광활한 대지에서 벌어진 비애의 역사 **러시아** ——— 170

현대사에서 잊혔던 유럽의 배꼽 **발트 3국** ——— 180

이민족들의 말발굽에 짓밟힌 역사 **우크라이나·벨라루스·몰도바** ——— 190

짓밟히고 찢긴 역사, 그래도 다시 일어나는 민족 **폴란드** ——— 200

한 핏줄을 나눈 형제의 행복한 이별 **체코·슬로바키아** ——— 210

동·서양이 만나는 마자르의 땅 **헝가리** ——— 220

남부 유럽

세계를 하나로, 나라는 둘로 **이탈리아·몰타** ——— 232

뒤엉킨 민족과 종교, 불타고 있는 발칸의 화약고 **구유고슬라비아** ——— 246

슬라브 세계의 라틴계 민족 국가 **루마니아** ——— 260

흑해 연안에서 만나는 아시아와 유럽 **불가리아** ——— 270

세계에서 가장 굳게 닫혔던 문 **알바니아** ——— 280

민주주의로 돌아온 그 멀고도 험난했던 길 **그리스** ——— 290

미니 국가들
★

이웃 나라에 기대어 살아도 우리는 독립국가! **바티칸, 안도라 공국, 산마리노 공화국, 모나코 공국, 리히텐슈타인 공국** ········· 302

유럽 연합
★

보이지 않는 사이버 국가가 현실로! ········· 314

유럽의 역사 맥 짚기

유럽의 역사 맥 짚기

유럽 지도를 바꾼 15가지 대사건

40여 개국에 이르는 유럽 국가들의 지도는 어떻게 그려지게 되었을까?

어떤 사건들이 유럽 전체의 역사와 지도를 바꾸어놓은 것일까? 2,000년 동안 일어난 유럽의 변화를 큰 사건 중심으로 훑어보기로 하자.

사건 1
로마 제국과 민족 대이동

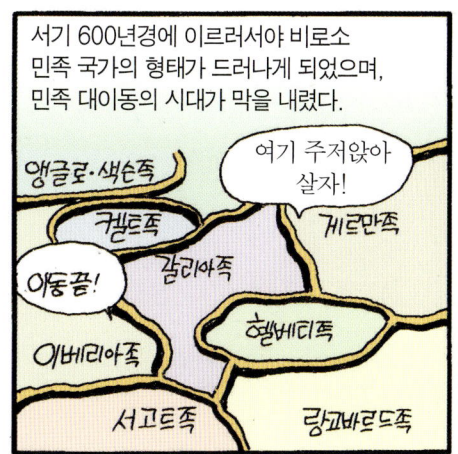

사건 ❷
동로마 제국과 그리스도교의 공인

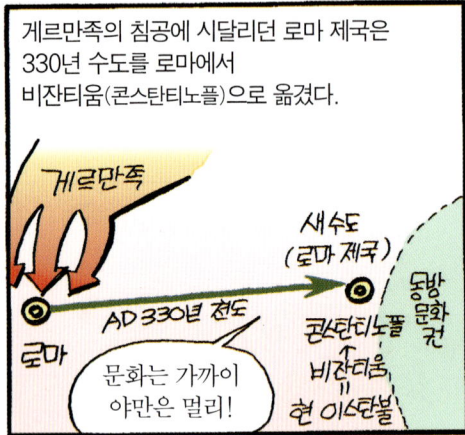
게르만족의 침공에 시달리던 로마 제국은 330년 수도를 로마에서 비잔티움(콘스탄티노플)으로 옮겼다.

그 후 로마 제국은 동서로 분리되어 서로마 제국은 폐허가 되어갔고, 역사의 무대는 동로마 제국으로 바뀌었다.

동로마 제국은 313년 그리스도교를 공인하고 391년 국교로 선포하였다.

서로마 제국이 가톨릭을 국교로 정했던 것과는 달리 동로마 제국은 독자적으로 전혀 다른 길로 발전하였지만,

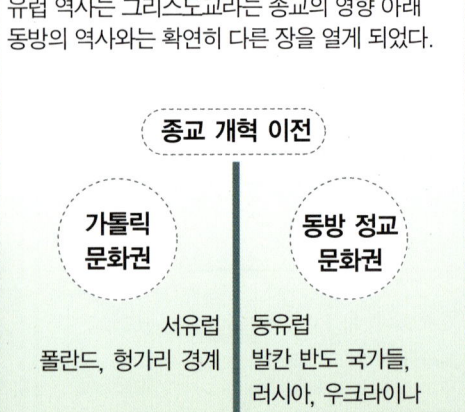
유럽 역사는 그리스도교라는 종교의 영향 아래 동방의 역사와는 확연히 다른 장을 열게 되었다.

사건 ❸
이슬람교와의 충돌

서기 711년, 이슬람교도들이 지브롤터 해협을 건너 이베리아 반도를 침공함으로써 1,000년이 넘는 그리스도교도와의 분쟁이 시작되었다.

유럽 대륙은 서기 732년, 이슬람 세력이 카롤루스 마르텔에 의해 프랑스의 투르-푸아티에에서 격파됨에 따라 그리스도교를 지킬 수 있었지만,

지중해를 비롯한 남부 유럽은 끊임없는 이슬람교도들의 침략과 정복이 계속되었다. 그러한 사건들은 아라비아의 핏줄과 문화가 유럽에 혼합되는 계기가 되었다.

1492년, 마지막 이슬람 세력이 스페인의 그라나다에서 축출됨으로써 유럽은 이슬람 세력에서 완전히 해방되는 듯했으나,

발칸 반도 국가들은 제1차 세계 대전이 끝날 때까지도 이슬람 세력권에 속해 종교·문화적으로 절대적인 영향을 받았다.

사건 4
기나긴 십자군 전쟁

유럽 대륙에서 절대적인 권력을 휘두르던 종교 세력(교황)은 점차 강대해지던 각국의 왕권(속권)과 자주 충돌하게 되었다.

교황은 교권을 강화하고 왕권과의 갈등을 외부로 돌리기 위해 여덟 차례에 걸쳐 이슬람교와의 전쟁인 십자군 원정(1096~1291)을 감행하였다.

이는 앞선 경제·문화 수준을 지니고 있던 동방의 재화를 탐낸 그리스도교 세계의 침략 전쟁으로 규정지을 수도 있다.

결국 십자군 전쟁은 실패로 끝나고, 그리스도교 세계와 이슬람 세계 사이에 뿌리 깊은 증오와 갈등을 심어주는 계기가 되었다.

그러나 동방의 앞선 문물이 미개했던 유럽에 전해져 문화 발전에 커다란 자극제가 된 것은 부인할 수 없다.

사건 5
몽골의 침입

아시아의 한 사막 지대인 몽골에서 태어난 칭기즈 칸은 1215년 중국의 베이징을 점령하여 대륙의 주인이 되었다.

몽골 군대는 서쪽으로 진격을 거듭하여 러시아, 폴란드를 완전히 폐허로 만들고,

1241년에는 헝가리까지 점령하여 유럽을 공포의 도가니로 몰아넣었다.

몽골의 유럽 침입은 살상과 파괴로 얼룩진 처참한 것이었으나, 유럽과 아시아가 무력으로나마 만난 첫 사건이었고,

몽골의 전성기인 원나라 때는 중국을 다녀온 마르코 폴로에 의해 고려, 일본이 서양에 처음으로 알려져 동서 만남의 시대가 열리는 계기가 되었다.

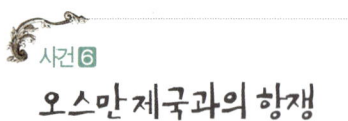

사건 6

오스만 제국과의 항쟁

이슬람 세계의 새로운 강자로 떠오른 오스만 제국은 유럽 대륙에 있어 거대한 위협이었다.

북아프리카 전역을 정복한 오스만 제국은 1453년 콘스탄티노플을 함락, 동로마 제국을 멸망시키고

발칸 반도 전역을 정복한 뒤, 1526년엔 헝가리를 정복, 1529년에는 지금의 오스트리아 수도인 빈을 포위하여 전 유럽을 공포에 떨게 하였다.

1571년 스페인-베네치아-교황의 연합 함대가 그리스의 레판토 해협에서 오스만 제국 함대를 격멸시킴으로써

서유럽을 이슬람 세력으로부터 지킬 수 있었으나, 발칸 반도의 오스만 제국 세력은 그 뒤로도 수백 년간 정복자로 잔혹한 통치를 계속하여 거센 민족 독립운동에 불길을 당기게 하였다.

사건 7
신대륙 발견과 종교 개혁

유럽 지도를 바꾼 15가지 대사건 | 19

사건 8
30년 전쟁과 베스트팔렌 조약

도이칠란트의 신교도와 구교도 간의 반목은 합스부르크 왕가 등의 보수 기득권 세력과 새롭게 떠오르던 프랑스, 영국 등의 신진 세력의 싸움으로 확대되어 갔다.

30년 전쟁(1618~1648)은 도이칠란트를 무대로 중서부 유럽의 거의 모든 나라가 끼어든 최초의 세계 대전 양상의 전쟁이라 할 수 있다.

그러나 1648년 베스트팔렌 조약에 의해 종교의 자유가 인정되자, 종교로 인한 커다란 전쟁은 더 이상 일어나지 않았다.

한편, 베스트팔렌 조약은 스위스와 네덜란드의 독립을 인정하는 등 오늘날 유럽 지도의 틀이 기본적으로 이루어지는 바탕이 되었으며,

민족 국가의 국경 개념을 확연하게 그어줌으로써 독자적인 민족 역사가 막을 여는 계기를 마련해주었다.

20 | 이원복 교수의 세상만사 유럽만사

프랑스 대혁명과 나폴레옹 전쟁

1789년에 터진 프랑스 대혁명은 신흥 부르주아 세력과 기득권 귀족 세력의 갈등에서 비롯된 것이었지만,

결과적으로 시민 민주주의라는 새로운 개념의 확산과 상업 부르주아 계급의 승리로 인해 산업 혁명을 가속화시키는 계기가 되었다.

나폴레옹 전쟁은 이러한 자유, 평등, 박애의 혁명 정신과 자본주의를 전 유럽에 전파하여,

민족 해방 운동, 민권 운동, 민주 운동이라는 폭풍우를 몰고 온 역사적인 대사건이라 할 수 있다.

비록 전쟁은 실패로 끝났으나, 나폴레옹이 전 유럽에 심은 자유주의 정신은 새로운 유럽의 탄생에 결정적인 역할을 하였다.

유럽 지도를 바꾼 15가지 대사건 | 21

사건 10

빈 회의와 발칸 민족 해방 전쟁

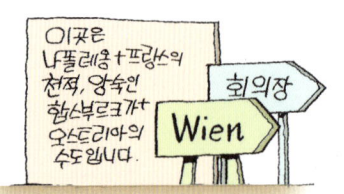

사건 11

제1차 세계 대전

영국, 프랑스 등은 산업 혁명으로 막대한 부와 강력한 군사력을 앞세워 세계 방방곡곡에 식민지를 선점해나갔으며,

허약한 오스트리아와 오스만 제국의 방대한 영토에 눈독을 들여 민족 독립을 부추겼다.

신흥 군사 대국으로 성장한 도이칠란트는 영국, 프랑스가 선점한 세계 식민지를 탐내고, 한편 오스트리아와 오스만 제국의 영토를 영국과 프랑스에게 빼앗기지 않으려 전쟁을 일으키는데, 그것이 바로 제1차 세계 대전(1914~1918)이다.

이 전쟁에서 패한 도이칠란트는 모든 해외 식민지를 잃고, 오스트리아, 오스만 제국도 본국 외의 모든 영토를 빼앗겨 국제 질서가 완전히 새로 짜이는 결과를 가져왔다.

그리고 수많은 독립 국가가 새로 탄생하여 유럽 지도를 완전히 새로 그려야 했다.

사건 12
러시아 혁명과 공산 세력의 대두

제1차 세계 대전의 종전을 코앞에 두고 터진 1917년의 러시아 혁명은 세계의 역사를 뒤바꾸어놓았다.

무산 계급의 혁명으로 소비에트 연방이라는 역사상 최초의 공산 국가가 성립됨으로써

유럽은 물론, 세계는 이념(이데올로기)의 대립 시대로 접어들게 되었다.

1989년, 동구권이 몰락할 때까지 세계는 자본주의와 공산주의 대립이라는 70년 동안의 이념 갈등을 겪었다.

그러나 러시아 혁명과 공산주의의 대두는 이를 막는다는 구실로 도이칠란트와 이탈리아 같은 극우 파시스트 세력을 등장시키는 계기를 마련해준다.

사건 ⑬
제2차 세계 대전

나치 도이칠란트, 파시스트 이탈리아, 군국주의 일본의 3대 추축국이 일으킨 제2차 세계 대전은 결국 그들의 패망으로 막을 내렸다.

이 전쟁은 인류 역사에서 가장 처참한 전쟁으로 전대미문의 사상자를 냈고, 핵무기까지 동원되는 등

인류에게 다시는 전쟁을 일으켜서는 안 된다는 값비싼 교훈을 남겨주었다. 한편 첨예한 이념 대립을 낳았으며, 군비 경쟁이라는 공포의 평화 시대를 조성시켰다.

그리고 유럽은 자본주의 서방과 소련을 중심으로 한 공산주의 위성 국가들로 나뉘어 일촉즉발의 전쟁 위기 속에 냉전 시대가 계속되는 상황을 맞이하였다.

이러한 유럽의 분열과 전쟁으로 인한 파괴는 미국과 소련이 중심 국가로서 세계의 판도를 좌지우지하는 데 결정적인 역할을 하였다.

유럽 지도를 바꾼 15가지 대사건

동구권의 붕괴와 유럽의 새 질서

1980년대부터 시작된 폴란드 자유 노조 운동이 상징하듯, 인간이 억지로 만든 공산주의 낙원에 대한 저항은

1989년 전 동구권에 봇물이 터지듯 번져나가기 시작하여 철벽 같던 공산주의의 장막을 순식간에 무너뜨리고 말았다.

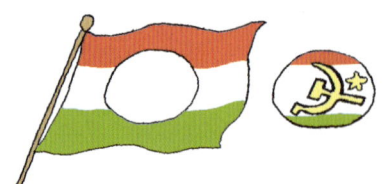

특히 공산 종주국 소련의 고르바초프가 주창한 페레스트로이카(개혁), 글라스노스트(개방) 운동은 풍선에 바늘을 댄 격이 되어

공산주의를 개혁해보겠다던 고르바초프 자신도 상상하지 못한 전혀 엉뚱한 방향으로 대개혁이 진행되었다.

동구권 몰락으로 공산주의 이념이 붕괴되자, 유럽은 이제 자본주의 시장 경제 체제라는 단일 체제의 대륙으로 복귀하게 되었다.

사건 ⑮

유럽 연합(EU)의 성립, 하나의 유럽을 향하여

1999년 1월 1일, 유럽 연합 단일 화폐인 유로(EURO)가 출범하였다.

역사상의 통일은 무력에 의한 영토의 정복에서 출발하였는데, 이제 경제에 의한 비폭력 통일이라는 새 장이 열린 것이다.

모두들 제 발로 걸어 들어왔다!

15개 회원국이 주축이 되어 출범한 유럽 연합은 앞으로 계속 회원 국가가 늘어갈 것이고

협상 진행국	가입 희망국
마케도니아, 크로아티아, 터키*	몬테네그로, 세르비아, 보스니아-헤르체고비나, 알바니아

자격 획득 | 루마니아, 불가리아

* 2022년 6월부터 '튀르키예'로 바뀜.

언젠가는 모든 유럽 국가가 하나의 깃발 아래 통일, 연합하는 유럽 합중국(USE)이 탄생할지도 모른다.

로마 제국 이래 꿈꾸어왔던 통일된 하나의 유럽은 과연 이루어질 수 있을 것인가?

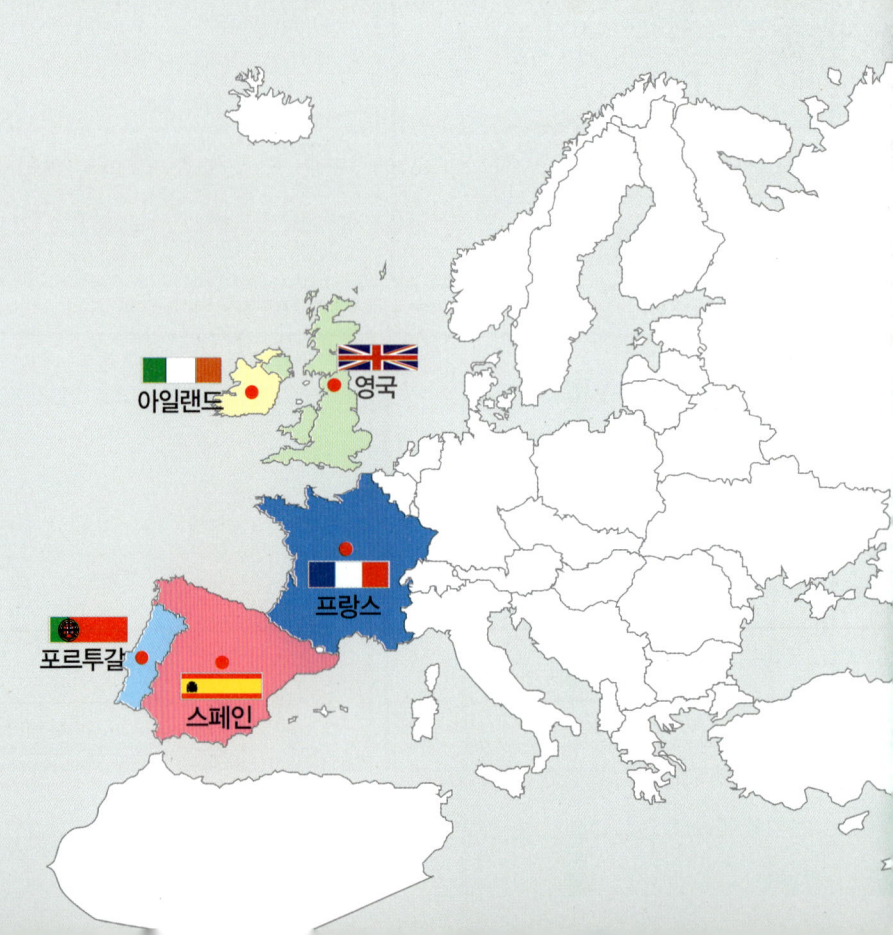

서부 유럽

영국

세계 제국의 여명과 황혼
England

둘째, 1215년 〈마그나 카르타(대헌장)〉 서명 이래 영국은 전 세계에 의회 민주주의 제도 도입의 효시가 되었다는 점

셋째, 이젠 비록 미국에게 세계의 주도권을 넘겨주고 사양길을 걷는 노제국이지만, 과거 식민지 국가들의 연합인 영연방의 맹주로서 아직도 세계적으로 영향력이 작지 않다는 점이다.

카이사르가 '브리타니아'라고 명명한 이 섬에 온 로마인은 서기 400년경까지 머물며 로마 문명을 전파하였고

북방 스코트족의 침공을 막기 위해 쌓은 성벽은 그대로 지금까지 영국(잉글랜드)과 스코틀랜드의 경계선이 되었다.

로마인이 물러간 뒤 브리타니아 섬은 수없이 외적의 침입과 약탈의 표적이 되었는데

이들과 맞서 용감히 싸운 브리튼족의 활약은 훗날 많은 영웅담과 전설을 창조해냈다.

8세기에는 작센의 왕 오파(Offa)가 섬 서쪽에 건너와 서쪽으로부터의 침략을 막기 위해 성벽을 쌓았다. 이것이 곧 웨일스와의 경계가 되었고, 웨일스는 지금까지 독자적인 언어와 문화를 유지하고 있다.

1066년, 브리타니아 섬은 노르망디 공 윌리엄(정복 왕 윌리엄)에게 정복되고, 영국은 노르만 왕가의 지배를 받게 되는데

가혹한 세금과 십자군 전쟁 등으로 불만을 품은 귀족들은 국왕을 위협하여, 오늘날 민주주의의 주춧돌이라고 일컬어지는 대헌장 〈마그나 카르타〉에 서명시켰다(1215).

50년 뒤, 지방 귀족들은 자신의 권익을 보호하기 위한 대표 기구인 'House of Commons'를 설치하였고

중앙 귀족들도 역시 'House of Lords'를 구성함으로써, 영국에는 이 제도가 하원, 상원으로 지금까지 그대로 유지되고 있다.

1509년에는 헨리 8세가 국왕으로 즉위하는데

그는 자신의 이혼 문제로 갈등이 빚어지자 로마 교황과 결별, 스스로 수장이 되는 영국 교회 (성공회 : Anglican Church)를 설립하고

이에 저항하는 가톨릭교도는 지위 고하를 막론하고 처단하였으며, 가톨릭교회 재산의 몰수는 물론 대대적인 파괴를 감행하였다.

그의 딸 엘리자베스 1세 시대는 영국이 세계로 뻗어나가던 비약기였으며, 영국 전성기의 막이 열리던 시대였다.

그녀는 함대를 양성하고 해군을 키워 당시 최강국이었던 스페인 함대를 격파하고(1588), 유럽 최강의 해상 강국으로 부상했다.

이로부터 스페인, 포르투갈 등 한발 앞서 간 식민지 제국은 물론 프랑스와도 치열한 식민지 쟁탈전을 본격적으로 벌이게 된다.

그러나 그녀가 세상을 떠난 뒤 영국에는 큰 혼란이 찾아왔다. 강력한 권력을 휘두르려는 왕과 이를 말리려는 의회가 정면 충돌해

자본가들의 무자비한 착취와 비인간적 노동 조건은 그들을 단결시켰고, 투쟁의 대열에 세웠던 것이다.

그러나 노동자 계급이 첫 대표자를 의회에 입성시키는 것은 1892년에야 가능했고,

노동당이 처음으로 집권한 것은 그로부터 다시 32년 뒤인 1924년이었다.

20세기에 접어들면서 민족 자주독립의 소리가 높아지고 영국의 식민지들은 독립을 요구하며 투쟁을 가속화했다.

이 요구를 억지로 누르고 맞은 제2차 세계 대전!

영국의 식민지들은 도이칠란트, 이탈리아, 일본에 맞서 싸우는 영국에 큰 도움이 되었고, 전쟁을 승리로 이끄는 데 결정적인 기여를 했으므로,

1945년, 제2차 세계 대전이 끝나면서 차례차례 독립시켜주지 않을 수가 없었다.

일거에 전 세계적으로 방대한 식민지를 상실한 영국은 전쟁 승리의 주역이면서도 차츰 세계의 주도권을 상실하고, 미국의 패권 시대가 열리게 되었다.

1971년, 영국은 아시아에서 완전히 손을 떼겠다는 선언을 했다. 이는 아시아의 주도권을 미국에게 넘긴다는 선언이었으며

1997년, 홍콩의 중국 반환은 영국이 소유한 아시아 최후의 식민지가 사라진 것으로, 이제 동아시아와 영국은 170년 전의 역사로 되돌아간 것이다.

'젖과 꿀을 가져다 바치던' 식민지의 상실은 당연히 영국 경제의 쇠락으로 이어졌다. 경제가 급격히 악화된 데다

식민지 분쟁에까지 개입함으로써 영국의 경제난은 더욱 가중되어갔다.

포클랜드 분쟁

이집트 분쟁

키프로스 분쟁

800년 압제의 굴레 속에서 단련된 민족
아일랜드
Irland

알프스 남쪽에서 라틴족이 로마를 세우고 있을 즈음, 알프스 북쪽은 켈트족의 세계였다. 그들은 중앙 유럽에서 서쪽으로 이동하여 스위스, 프랑스, 스페인 지방으로, 일부는 브리튼 섬과 아일랜드로 건너가 원주민을 구성했다.
이들의 언어를 갈리아어(프랑스 지방에 살던 켈트족의 말)의 영어 표기인 갤릭(gallic)이라 하여 현 프랑스의 브르타뉴 지방, 스코틀랜드, 아일랜드에서 쓰고 있다.

아일랜드의 역사는 다른 유럽 나라들의 역사와 전혀 다르다. 이것은 지리적 위치만 보아도 금방 이해가 갈 것이다.

물론 선사 시대의 유적도 발견되어 오래전부터 인간이 살았음은 분명하지만, 이 섬에 최초의 문명을 이룩한 것은 대륙에서 건너온 켈트족이었다.

이곳은 서유럽 모든 나라들의 땅을 지배했던 로마인도 그림자조차 얼씬하지 않아서

12세기에 이르기까지 외세의 침입을 겪지 않고 평화로운 켈트 문화를 꽃피울 수 있었다.

그럼에도 놀랍게 이 외진 섬나라가 유럽에서 가장 먼저 가톨릭교화되었다는 사실을 아는 이는 별로 없다.

로마 제국이 국교화한 이후 수천 킬로미터나 떨어진 아일랜드가 가톨릭교를 받아들이게 된 것은 파트리키우스라는 소년으로부터 비롯된다.

이 소년은 브리타니아(영국)에 있던 로마 관리의 아들로 태어나 남부럽잖은 생활을 누렸으나

로마가 멸망하면서 침공해 온 아일랜드 켈트인의 노예로 끌려가 목동의 일을 해야 했다. 말하자면 강제 노동인 셈이었다.

아일랜드의 노예 생활에서 그는 켈트족의 언어와 습성을 자연히 습득하게 되었고,

갈리아(프랑스)로 도망쳐 선교사 성 게르마누스(St. Germanus)로부터 가톨릭 교리를 배우게 된다.

432년 아일랜드에 돌아온 그는 전국적으로 가톨릭교를 선교하는 데 성공한다. 켈트인의 언어와 습성을 속속들이 알았기에 가능했던 것이다.

그가 세상을 떠난 3월 17일(AD 461년)은 아일랜드 최대의 기념일인 성 파트리키우스, 즉 성 패트릭의 날(St. Patrick's Day)이 되었다.

아일랜드 최대의 성자이자 수호신인 성 패트릭, 애칭으로 패디(Paddy)는 지금도 아일랜드인들이 가장 선호하는 이름이기도 하며, 이 이름을 딴 위스키까지 있다.

이처럼 가톨릭의 역사가 다른 나라보다 깊은 만큼 아일랜드인들의 가톨릭에 대한 믿음 또한 유별난 것이다.

끝없는 테러와 암살, 지루한 협상, 그칠 줄 모르는 아일랜드 민중의 봉기, 또다시 탄압의 악순환은 거듭되었고

영국에 의해 불법 단체로 규정된 신페인당이 1918년 선거에서 승리, 아일랜드 의회에 입성하게 되었다.

이들은 더블린에서 영국인에 의해 조종되지 않는 자치적 아일랜드 의회를 구성했고, 영국이 이를 당연히 불법으로 규정하자

영국과 아일랜드 사이에 전쟁으로 확산되었으니, 이것이 바로 아일랜드 독립 전쟁이다.

협상 결과 얼스터(북아일랜드) 주를 제외한 아일랜드 전역의 자치권을 인정함으로써 전쟁은 막을 내렸지만

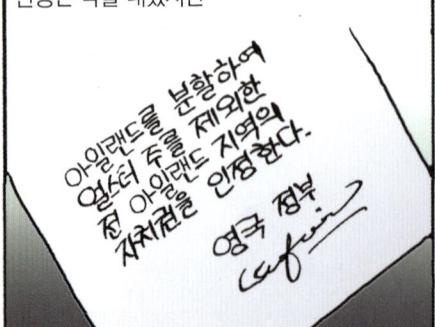

아일랜드가 최종적으로 완전 독립하여 공화국을 선포한 것은 1949년이었으니, 노르만 왕 정벌 이후 무려 780년 만에 영국의 속박에서 벗어난 것이었다.

독립 즉시 아일랜드는 영연방을 탈퇴함으로써 영국에 대한 그들의 정서를 드러냈다.

하지만 아일랜드 문제는 아직까지도 해결되지 않은 숙제로 남아 있다.

북아일랜드 가톨릭교도들은 반드시 아일랜드 공화국과 통합해야 하며, 신교도들을 몰아내야 한다는 주장을 절대 굽히지 않고 있고

신교도들은 통일될 경우 북아일랜드의 다수를 차지하던 자신들이 소수 이단자로 몰려 결국 쫓겨날 운명이기에 한 치도 양보하지 않는다.

영국은 영국대로 '뜨거운 감자' 북아일랜드에 대해 묘책을 찾지 못해 고민이다. 영국군을 철수하면 소수인 가톨릭교도가 몰살당할 것이고

그대로 머물러 있자니 IRA의 테러·암살로 도저히 견딜 수 없는 고통이 계속되기 때문이다.

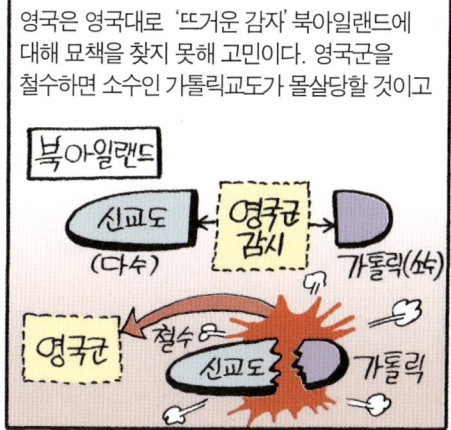

북아일랜드 문제가 해결되지 못하는 가장 큰 원인은 무엇보다 너무도 깊이 뿌리박힌 신·구교도 간의 증오심이다.

이는 곧 이러한 비극의 역사가 있게 한 원인 제공자 영국에 대한 증오이기도 하다.

그러나 IRA는 무장 투쟁 포기 선언을 하여 더 이상의 피는 흐르지 않을 것이다. 너무도 힘들게 평화가 자리잡은 셈이다.

역사 과정에서 심어진 좌절, 비애, 분노, 증오…. 이러한 정서가 바로 오늘날 아일랜드인들의 사고방식을 형성하는 요소가 되어 수많은 시와 노래로 표출되고 있다.

그러나 유럽에서 가장 가난했던 나라 아일랜드는 경제위기를 겪기도 했지만 1990년대 들어 비약적인 경제 발전을 거듭하고 있다.

비애와 증오에 찬 시선을 영국에서 돌려 좀 더 넓고 트인 가슴으로 세계를 바라보게 된 까닭일까…?

몇 권으로도 다 담을 수 없는 프랑스 역사를 짧은 지면으로 소화하는 유일한 방법은 오늘의 세계에 영향을 미친 역사적 사건과 그 의미를 짚어보는 것이다. 프랑스 역사는 다음과 같이 큰 분수령을 넘어온다.

- 선사·갈리아족
- 로마 시대 — BC51 — 카이사르의 갈리아 정벌
- 봉건 시대 — 5C — 프랑크 시대
- 절대 왕정 시대 — 17C — 루이 14~16세
- 혁명 시대 — 1789 — 프랑스 대혁명
- 나폴레옹 — 1799 / 1815 — 제국 시대
- 부르주아 전성시대 — 1871 — 자본가·노동자 대립 시대

프랑스는 로마인들이 오기 전까지 갈리아라 불리는 골(gaulle)족의 땅이었다. 이들은 중앙 유럽에서 건너온 켈트족으로,

프랑스뿐 아니라 브리튼 섬(영국)으로도 건너갔으나, 뒷날 이민족의 침략으로 스코틀랜드, 아일랜드로 쫓겨나게 된다.

기원전 51년, 카이사르에 의해 오늘의 프랑스 전 지역은 로마 제국의 영토가 되고,

로마인이 전파한 라틴 문명은 오늘날 프랑스 문화의 기초가 되었다.

특히 로마의 이민족 융화 정책에 의해 골족의 귀족들이 앞다투어 스스로 로마인화함으로써

로마 문명은 아주 빠르게 프랑스 지역의 문화와 융화되고 정착될 수 있었던 것이다.

로마 제국의 멸망 이후 프랑스는 게르만족의 세계가 된다.

특히 프랑크(Franc, Frank)족이 지금의 프랑스, 도이칠란트 지역에 여러 나라를 세우고, 프랑스 중북부에 프랑스란 이름의 나라가 등장한다.

Franc+e ⇒ France

Frank+furt(들) ⇒ Frankfurt

이들 중세 봉건 국가들은 강력한 국가 형태를 갖추지 못한 채 끊임없이 국경과 영토 문제로 분쟁을 거듭하였다.

프랑스는 강력한 라이벌인 부르고뉴와 대립했고, 부유한 플랑드르(지금의 벨기에)에 공업지대를 두고는 영국과도 대립해야 했다.

이는 결국 영국의 침공으로 시작된 백 년 전쟁의 결정적 계기가 되었고

'외적'의 침입으로부터 국가를 지키기 위한 강력한 중앙 정부의 필요성과 이를 뒷받침할 상비군의 보유와 함께

프랑스는 최초로 절대 왕정을 수립할 수 있었다.

강력한 왕권에 의한, 파리 중심의 중앙 통치는 봉건 제도를 붕괴시키고

지방 봉건 영주들은 파리에 상주하는 귀족 관리 계급으로 바뀌었으며,

이들을 중심으로 한 화려한 궁정 문화는 사치와 낭비를 일삼는 과소비의 온상이 되었고, 백성들은 철저히 착취당할 수밖에 없었다.

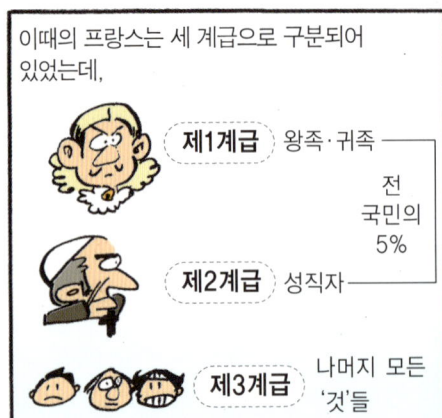

나폴레옹 법전(Code Napoléon)을 제정, 법치 국가의 기틀을 마련하고 시민의 권리를 보호하였다.

나폴레옹은 한편 정복자로서 이탈리아, 이집트, 스페인, 도이칠란트 등을 정벌하여 프랑스의 위력을 세계에 과시하여

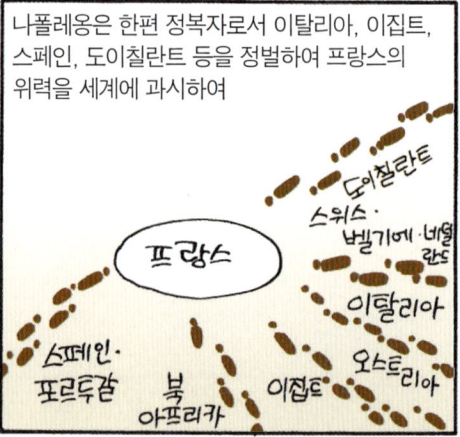

프랑스 국민들에게 크나큰 긍지를 심어주기도 하였다.

특히 프랑스의 천적(天敵)과 같던 오스트리아의 합스부르크 왕가를 굴복시키고 신성 로마 제국을 멸망시킴으로써 전 유럽의 패권자로 떠올랐다.

그러나 러시아 정벌이라는 무리수를 시발로 하여 라이프치히 패전 등 나폴레옹은 쇠락의 길로 접어들게 되었으며

워털루 패전으로 끝내 세인트헬레나 섬에서 최후를 맞는다. 그러나 그의 존재는 아직도 프랑스 국민들의 가슴에 지울 수 없는 영광과 긍지의 상징으로 새겨져 있다.

나폴레옹 몰락 뒤 프랑스는 왕정으로 돌아갔으나 이제 과거와는 달리 새로운 세력, 즉 부르주아들의 전성기였다.

이들의 탐욕에 의해 조종되는 국가 권력은 해외 식민지 경략에 열을 올리게 되고

안으로는 인간 이하의 노동조건에 반발하는 노동자계급의 저항과 사회주의 운동이 격렬하게 펼쳐지기 시작했다.

이제 과거 귀족-평민의 대결에서 자본가-노동자 계급의 대결 시대로 바뀐 것이다.

유럽의 세력 판도는 프랑스-영국의 대립에서 새롭게 등장한 강력한 프로이센에 의해 판이 다시 짜이게 되었는데,

1870년, 보불(프랑스-프로이센) 전쟁에서 프랑스는 프로이센에 패배, 황제 나폴레옹 3세가 포로로 잡히고 파리가 역사상 최초로 도이칠란트군에 점령되는 '치욕'을 겪게 된다.

프랑수아 미테랑 전 대통령은 사회당 출신. 그렇다면 그는 백성들을 위한 사회 복지에 우선적으로 예산을 편성했어야 할 텐데

그가 재임 시 가장 심혈을 기울여 추진한 사업은 과거 나폴레옹이 이루어놓은 역사적 기념물보다 더욱 방대한 건설 사업이었다.

위대한 프랑스를 세계만방에 과시하는 것이야말로 프랑스 국민이 지고 있는 숭고한 의무다!

나폴레옹은 개선문, 마들렌 교회, 방돔 광장 등 프랑스의 영광을 영원히 기리는 대역사를 이루었다. 그러나 미테랑은 700년에 걸친 루브르 궁 건설의 완성, 라 데팡스 개선문, 프랑스 국립 도서관 (세계 최대) 등 더욱 방대한 규모의 역사적 건축물을 완성시켰다.

이는 현 사르코지 대통령도 크게 다르지 않다. 일부의 반대 여론도 만만치 않으나 프랑스의 영광을 확인하는 데는 좌·우익이 따로 없다.

프랑스인들은 이처럼 과거의 영광을 오늘의 에너지로 소중히 여기며 긍지 속에서 살아가고 있다.

격동의 역사에 드리운 영광과 비애

스페인
Spain

스페인의 역사는 격동의 역사이자 영광의 역사이며 또 비극의 역사다.

아마도 이 나라만큼 외세의 침략에 시달리고 오랜 전쟁과 독재에 신음한 나라도 찾기 어려울 것이다.

이 땅의 원주민은 이곳을 흐르는 강 에브로의 이름을 딴 이베리아인과,

기원전 2000년경 동쪽에서 이주해 왔다고 전해지는 바스크족으로, 이들은 모두 뒷날 침공해 온 켈트족과 피가 섞인다.

이베리아 반도는 기원전 131년, 로마에 정복되어 400년간 지배당하고,

로마가 물러간 뒤 게르만족의 일파인 서고트족이 내려와 409년에 왕국을 건설한다.

그러나 711년, 지브롤터 해협을 건너온 이슬람교도 아랍인(무어인)들이 5년 만에 전 이베리아 반도를 점령하고,

프랑스에까지 진출하였으나 푸아티에에서 패전, 피레네 산맥 이남으로 물러남으로써 피레네 산맥은 그리스도교 세계와 이슬람 세계의 자연 경계가 되었다.

711년에 침략해 온 아랍인들이 1492년 완전히 물러갈 때까지 스페인에는 무려 781년 동안 이슬람 문화가 뿌리내림으로써

스페인은 유럽 대륙에서 가장 서쪽에 위치하면서도 가장 동양적인 냄새를 풍기는 이색 지대가 되었다.

아랍인들의 지배 아래 숨조차 제대로 못 쉬던 그리스도교도들은 925년부터 국토 회복을 위한 대장정(Reconquista)*에 본격적으로 나선다.

이 전쟁은 1469년 카스티야 왕국의 이사벨 공주와 아라곤 왕국의 페르난도가 결혼하여 두 왕국이 통일되면서 결정적 계기를 맞았고

* 레콩키스타

1492년, 아랍인 최후의 보루였던 그라나다 왕국을 함락시킴으로써 아랍인들은 이베리아 반도에서 완전히 물러나게 되었다.

1492년! 이 해는 스페인 역사에서 가장 빛나는 해로 기록된다.

스페인의 비약적 발전의 틀을 마련한 해가 바로 1492년이었고, 그래서 1992년에 스페인은 대대적인 500주년 행사를 벌였다.

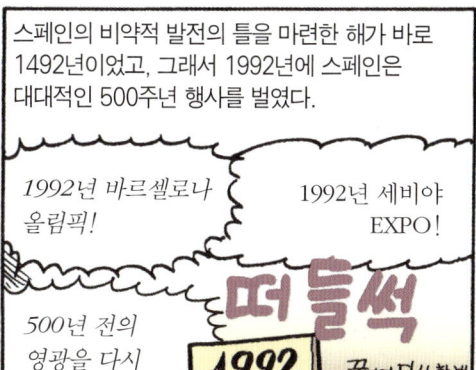

스페인 통일을 이룩한 이사벨 여왕이 자식을 남기지 못하고 세상을 떠나자 계승 순위에 의해 도이칠란트 황제 카를 5세가 스페인 왕으로 즉위하게 되어

스페인은 합스부르크 왕가의 지배를 받게 되었다.

카를 5세, 즉 카를로스 1세의 아들 펠리페 2세에 이르러 스페인은 신대륙에서 무진장 쏟아져 들어오는 황금을 바탕으로 유럽의 최대 강국으로 떠오르면서 '황금의 세기(Cielo d'oro)'를 누린다.

그러나 새롭게 부상하는 해양 강국 영국과 네덜란드 연합군에게 무적의 함대라는 아르마다가 궤멸되어 제해권을 빼앗기면서

스페인의 전성기는 끝나고 서서히 쇠락의 길로 접어들게 되었다.

아랍인과의 전쟁 당시 프랑스 부르고뉴 가문의 용감한 기사 엔히크(Henrique)가 큰 무공을 세우자, 이에 감동한 왕은 국토 일부와 딸을 주어 공국을 건설토록 했는데,

그 지명이 도우로 강 어귀의 포르투칼레 (Portucale)였다. 이로써 역사상에 포르투칼레 (뒤에 포르투갈)란 나라가 1097년에 최초로 등장한다.

포르투칼레 공국을 세운 엔히크 대공이 죽자, 왕비 테레사와 아들 알폰소 사이에 권력 쟁탈 전쟁이 벌어진다.

모자간의 전쟁 끝에 아들이 어머니를 꺾고 1139년 알폰소 1세로 왕위에 오름으로써 포르투갈은 왕국이 되었고, 1179년 교황의 공인을 얻어 스페인과는 독자적인 새 역사를 시작한다.

포르투갈은 풍요로운 지중해, 영국과도 가까운 나라였기 때문에 두 나라의 무역이 활발했고, 이는 포르투갈의 경제 발전에 큰 도움이 되었다.

포르투갈은 건국 이래 지금까지도 영국과 무역 등 여러 면에서 가장 긴밀한 관계를 유지하고 있다.

포르투갈이 머나먼 저 수평선 너머로 눈을 돌리기 시작한 것은 '항해 왕'이란 별명을 가진 엔히크 왕자(1394~1460)가 등장하면서부터였다.

그는 지중해가 이탈리아 여러 나라에 장악되어 있는 상황에서는 부가 넘치는 동방으로 가는 길을 찾아야 한다는 결론을 내렸다.

이를 위해서 훌륭한 배와 항해술이 무엇보다 중요하다고 판단한 엔히크는 대규모 조선소를 짓고 세계 최초의 본격 항해 학교를 설립하여

포르투갈이 스페인보다 거의 반세기나 앞서 해외로 진출할 수 있도록 하였고, 나아가 방대한 식민지의 주인이 될 수 있는 기틀을 마련하였다.

콜럼버스의 신대륙 발견과 함께 세계로 향한 진출은 더욱 가속화되었다. 포르투갈은 방대한 브라질을 식민지로 얻었고, 인도로 가는 항로를 발견하였다(1497).

식민지 경영, 동방 무역으로부터 쏟아져 들어온 막대한 부로 마누엘 1세(1495~1521) 치하의 포르투갈은 역대 최고의 황금시대를 구가했다.

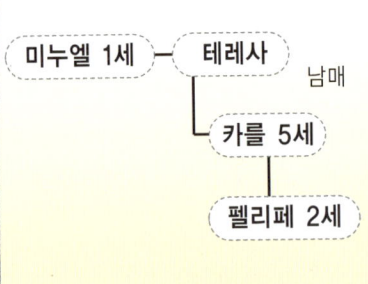

스페인과의 전쟁이 벌어지는 동안에도 포르투갈은 절대 왕정이 자리를 잡아갔는데

화려한 왕정의 그늘에서 영국과의 무역 적자, 웅장한 성당과 왕궁 건축으로 국가재정은 파탄이 나고 국민들은 도탄에 빠지는 경제 위기에 몰리게 되었다.

18세기 주제(José) 국왕 때 재정을 맡은 폼발 백작은 대대적인 경제 개혁을 단행한다.

Sebastião Marqués de Pombal
(1699~1782)

그는 수입을 억제하고 국내 산업을 진흥시키는 한편 전매 제도를 도입하여 주요 수출품을 국가가 관리함으로써 국가 경제를 크게 개선했고

1755년 대지진으로 완전 파괴된 수도 리스본을 재건설, 오늘의 모습으로 이루어낸, 포르투갈 역사에서 가장 중요한 인물 중 하나다.

그러나 기득권 세력의 반발이 거세 암살 기도와 폭동이 잇따랐고 이에 대한 탄압이 반복되다가 1777년, 왕위에 오른 마리아 1세는 그를 정부에서 축출, 개혁 정치는 물거품이 되고 말았다.

프랑스 대혁명은 포르투갈에도 태풍을 몰고 왔다. 나폴레옹은 영국을 고립시키기 위해 대륙 봉쇄령을 내렸으나, 대영 무역에 의존하는 포르투갈이 이를 따를 수는 없는 일.

결국 프랑스군은 세 번에 걸쳐(1807, 1809, 1810) 포르투갈을 점령했고, 왕실은 황급히 브라질로 도피했다.

영국의 웰링턴 장군에 의해 프랑스군이 쫓겨 간 뒤의 포르투갈은 사실상 영국의 식민지나 다름없었다. 내정에 사사건건 간섭하고 나서기 시작한 것이다.

국왕인 주앙 6세는 1821년, 브라질에서 돌아왔으나 황태자 페드루는 그대로 남아 1822년 9월 7일, 브라질 독립을 선언하고 스스로 황제가 되었다.

최대 식민지였던 브라질의 상실은 포르투갈 경제에 치명타였다. 여기에 프랑스 혁명이 몰고 온 자유주의 물결은 포르투갈 사회를 근본적으로 뒤흔들었고

1820~1910년에 이르는 약 100년 가까운 세월은 온통 혼돈과 무질서의 연속이었으며, 국력은 하루가 다르게 쇠락해가기만 했다.

1910년, 군사 쿠데타가 일어나 왕조의 폐지를 선언하고 공화국을 선포한다. 프랑스, 스위스에 이어 세 번째 공화국이 유럽에 탄생한 것이다.

그러나 제1공화국 시대는 말 그대로 어둠과 혼란의 연속이었다(1910~1926). 이 16년 동안 정권이 45번 바뀌고 15번의 군사 쿠데타가 일어났다.

1926년, 공산당 탄압을 명분으로 내세운 코스타 장군(Gomes da Costa)이 일으킨 군사 쿠데타는 48년에 걸친 철권 독재 시대의 서막이었다.

1928년, 쿠임브라 대학교수인 살라자르가 경제 장관으로 발탁된다. 그는 프랑코와 더불어 20세기 최장 독재 권력을 누린 인물이다.

* António de Oliveira salazar(1889~1970)

초창기 장관 시대, 그는 약간의 경제적 성과를 거두기도 했다. 아주 간단한 정책으로.

1932년, 수상에 취임한 그는 '조국 근대화'라는 기치를 내걸고 이듬해에 헌법을 개정, 그의 영구 집권과 독재의 길을 열었다.

포르투갈 | 77

살라자르는 이웃 나라의 프랑코가 그렇듯 포르투갈 국민에게는 공포와 증오의 대상이었다.

외교에서 그는 교묘한 줄타기 정책으로 나치든 연합국이든 모두와 친교를 맺는 방식으로, 두 번의 세계 대전에서 중립에 머물러 전쟁의 피해를 비켜 갔다.

그러나 국민을 어리석게 만드는 우민정책을 펴 교육에 투자하지 않고 국내 산업 육성 대신 농업에 전념했으며

국가 경제를 아프리카 등 식민지에서의 수입에 의존하다 보니, 포르투갈은 유럽에서 가장 가난한 나라로 전락하지 않을 수 없었다.

1950년대 들어 포르투갈인들은 살길을 찾아 해외로 일자리를 얻으러 대거 이주했고, 이들이 고향에 부치는 돈이 포르투갈의 주요 외화 획득 원천일 정도였다.

그러나 시대가 바뀌고 식민지 시대도 종말이 다가와 1960년에만 17개 나라가 아프리카에서 독립하고, 세계 곳곳의 식민지가 떨어져 나갔으며,

독립운동을 막아보려고 식민지 전쟁에 쏟아붓는 막대한 돈도 국가 경제에 더욱 부담이 되었다.

1968년, 살라자르는 36년간의 독재자답지 않은 초라한 모습으로 권좌를 떠났다. 그러나 독재 정권이 쓰러진 것은 아니었다.

1974년 4월 25일 0시 30분, 라디오에서는 정부가 금지시킨 반정부 가요가 계속 울려퍼지고 있었다.

이를 신호로 혁명군들이 일제히 수도 리스본으로 진입해 들어오기 시작했다. 좌익 쿠데타가 48년 극우 정권을 무너뜨리는 순간이었다.

시민들은 손에 손에 카네이션을 들고 나와 군인들에게 꽂아주며 환영했다. 그래서 '카네이션 혁명'이라는 말이 생겨난 것이다.

포르투갈은 오직 하나 남은 식민지 마카오마저 1999년 중국에 반환하면서 600년 가까운 식민지 경영 시대를 마감하고, 새로운 역사의 막을 열어가고 있다.

중부 유럽

민족 재통일의 신화를 이룬 게르만족
도이칠란트
Deutschland

게르만 민족이 역사에 처음 등장한 것은 1세기경 로마 역사가 타키투스가 쓴 《게르마니아》에서이다.	그러나 게르만족은 훨씬 이전부터 알프스 이북에서 살아왔는데, 그리스·로마 세력과 충돌하면서부터 '문명 세계'에 알려지게 된 것뿐이다.

게르만족의 유래는 분명하지 않다. 인도 유럽계 언어를 쓰며 남부 스칸디나비아에서부터 중부 유럽에 걸쳐 널리 퍼져 살던 민족이라는 것이 전부다.

게르만족의 대이동 기간(AD 375~568) 동안 50여 개에 이르던 종족들은 언어와 민족적 동질성에도 불구하고

서로 격렬한 투쟁을 거듭하던 끝에 대부분이 사라지거나 다른 종족과 합류, 동질화되어

1세기경에는 대략 세 개의 커다란 줄기로 나뉘게 되었다.

동·서 게르만계 프랑크족이 오늘의 프랑스, 도이칠란트의 모태가 되는 프랑크 왕국을 세웠으며,

* 프랑크 왕국을 건설한 클로비스 왕의 세례

프랑크 왕국은 베르됭 조약(843)에 의해 동서로 분열되는데, 이것이 곧 프랑스와 도이칠란트의 역사를 여는 계기였다.

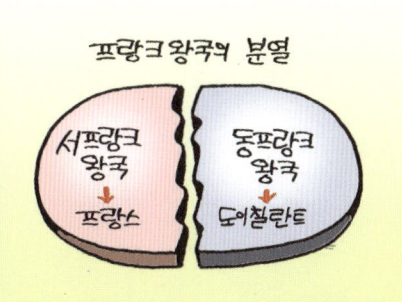

도이칠란트 | 83

오늘날 도이칠란트 영토에 거주하던 다양한 민족을 통틀어 도이치족이라고 부르게 되었으며, 이들의 역사가 곧 도이칠란트의 역사이다.

오늘의 유럽 지도가 생겨나기 전의 도이칠란트 역사는 그래서 상당 부분 네덜란드, 오스트리아 등의 역사와 겹칠 수밖에 없다.

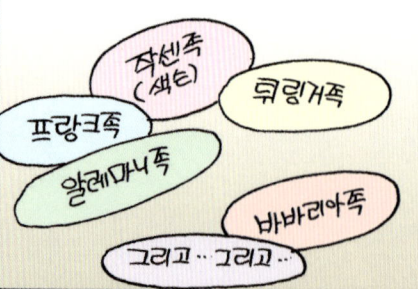

도이칠란트 역사에 처음으로 등장하는 지배자는 세습 왕제가 아니라 왕 자격을 부여받고 추대된다는 점이 다른 나라 역사와 다르다.

첫 번째 왕 콘라트가 죽은 뒤, 왕으로 '뽑힌' 작센의 하인리히 1세(919년 즉위)에게는 오토라는 영명한 아들이 있었다.

역시 선거에 의해 왕위에 오른 오토 1세는 로마 교황을 한편으로 끌어들여

선거로 뽑히는 왕의 자격을 혈통권으로 제한해 사실상 왕위 세습제의 기반을 다졌다.

또한 로마 교황으로부터 로마 제국을 부활시킨 신성 로마 제국의 황제로 추대됨으로써(962)

비록 영토도 없는 제국이었으나 명목상 유럽을 지배하는 황제로서의 정통성을 부여받게 되었다.

그러나 교황과 황제의 이른바 교·속 투쟁에서 황제의 권력이 크게 약화되면서 도이칠란트는 오래 왕위가 비는 공위 시대를 겪게 된다.

왕권이 확립되던 1273년, 오스트리아 합스부르크 왕가가 신성 로마 제국 황제의 관을 차지했고

15세기엔 아예 세습제를 확정지어버림으로써 선거로 도이칠란트 왕을 뽑는 제도는 사라지게 되었다.

역사적으로 로마 교황과의 갈등이 계속되던 도이칠란트였던 만큼 1517년 마르틴 루터에 의한 종교 개혁은 우연만은 아니었을 것이다.

루터의 종교 개혁은 곧 유럽에 전파되어 신교·구교 갈등에 불을 질렀고,

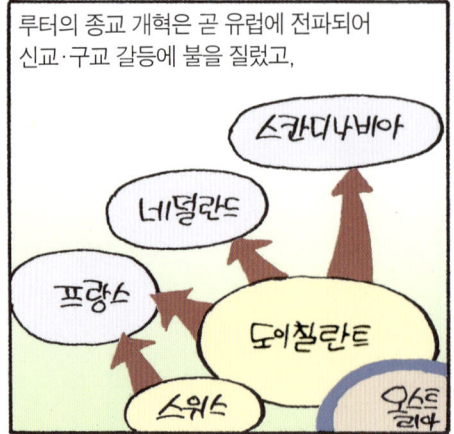

신교·구교로 갈라진 유럽 대륙은 도이칠란트를 무대로 처참한 30년 종교 전쟁을 벌이게 된다(1618~1648).

이 전쟁 결과 맺어진 베스트팔렌 조약은 여러 갈래로 갈라져 있던 도이칠란트 내 제후 국가들의 주권을 인정했는데

이것이 바로 도이칠란트 연방제의 시초이기도 하다.

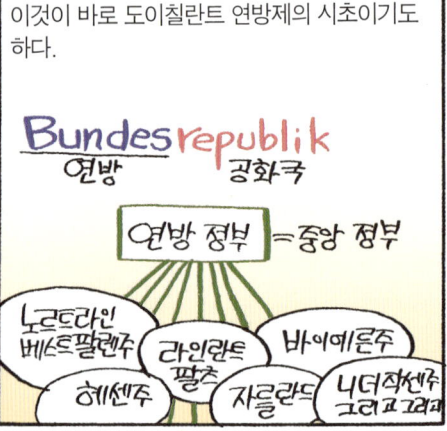

여기에는 물론 이웃에 강력한 통일 국가를 두지 않으려는 프랑스의 외교 전략이 작용하기도 했다.

게르만 민족을 분열시켜야 프랑스가 안전하다!

도이칠란트가 강력한 세력으로 등장한 것은 호엔촐레른가의 프로이센이 강성해지면서부터이다.

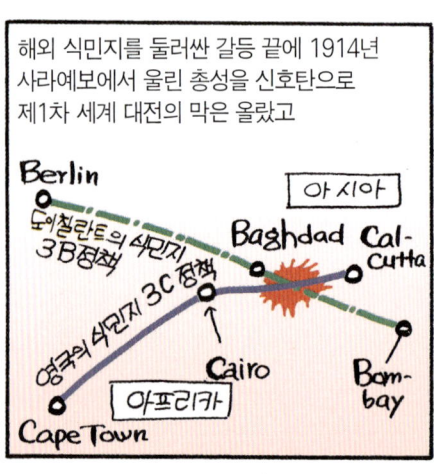

새 공화국 정부가 경제 재건에 나서 착실한 성과를 거두면서 도이칠란트 경제는 건강하게 새로 태어나고 있었으나

1929년 세계를 휩쓸어친 경제 대공황으로 도이칠란트 경제는 끝없는 나락으로 추락했다.

이후 히틀러의 나치 정권이 등장, 1933년 1월, 바이마르 공화국은 역사의 뒤안길로 사라지고

전무후무한 나치 군사 독재 정권의 미친 바람이 세계를 제2차 세계 대전으로 몰아가고 말았다.

도이칠란트는 또다시 전쟁에 지고 국토는 잿더미로 변한 채 동서로 분단되었다.

미·소 냉전 시대에 분단 도이칠란트는 세계의 화약고였다.

공산주의의 확산을 막기 위한 최선의 방법이 최전방인 도이칠란트를 경제적으로 부강하게 만드는 방법이라고 판단한 미국은

도이칠란트가 부강해지지 않으면 반드시 공산화된다. 이 경우 유럽 전체가 공산화될 위험이 있다. 그러니 미워도 도이칠란트를 지원해야 한다!

1947년부터 마셜 플랜이란 이름으로 대대적인 경제 원조를 시작, 이른바 라인 강의 기적이라는 도이칠란트 경제 부흥의 씨앗이 되었다.

1947년, 도이칠란트 서쪽에는 도이칠란트 연방 공화국이, 동쪽에는 공산주의 정권인 도이칠란트 민주 공화국이 수립되었다.

그러나 자유를 찾아 서쪽으로 향하는 동독 시민의 행렬이 꼬리에 꼬리를 잇자,

소련과 동독 정부는 베를린을 봉쇄, 악명 높은 베를린 장벽을 쌓기 시작했고,

미국은 전쟁을 각오한 과감한 베를린 공수 작전(1948. 6. 24~1949. 5. 12)을 감행, 제3차 세계 대전의 전운을 짙게 드리우기도 했다.

1969년, 서독 수상에 취임한 빌리 브란트는 동방 정책을 전개, 동독과 서독 간의 적대 관계를 해소했고

냉전과 대립이 아닌 화해와 대화로 동서 도이칠란트 민족은 서로를 대해야 한다.

1980년대에 소련의 고르바초프가 주창한 페레스트로이카, 글라스노스트의 해빙 무드를 타고 공산권이 흔들리기 시작해

1989년 드디어 동독이 붕괴되고 말았다.

흡수 합병.

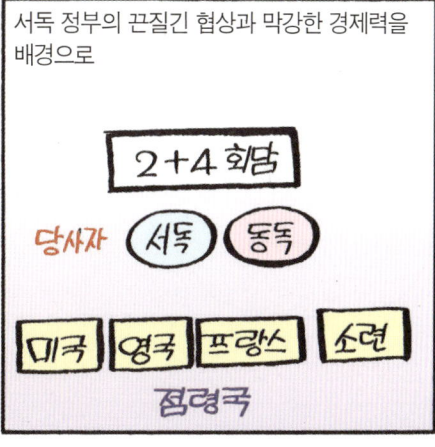

서독 정부의 끈질긴 협상과 막강한 경제력을 배경으로

1990년 10월 3일, 도이칠란트는 또다시 통일의 감격 속에 힘찬 새 출발을 기약하게 되었다.

분단 45년 만에 이룩해낸 재통일이었다.

자유를 위한 투쟁으로 큰 나라

베네룩스 3국
Belgium · Netherlands · Luxemburg

세계에서 가장 자유분방한 사고방식을 지닌 네덜란드인들…

또 개인 중심주의에 둘째가라면 서러워할 벨기에인들.

왜 네덜란드와 벨기에의 역사를 한데 묶는 거지?

너무 겹치는 부분이 많으니까….

네덜란드에서 가장 높은 산(?)은 고작 400m 높이다. 그러니 전국이 평지나 다름없다는 뜻이고

라인 강과 북해가 만나는 지역이니 물이 풍부하고 항구의 조건이 좋아 상공업이 발달하기에 이상적인 지리적 조건을 갖췄다.

92 | 이원복 교수의 세상만사 유럽만사

더욱이 대륙과 브리타니아(영국) 섬을 연결하는 위치다 보니 국제 무역에도 걸맞은 조건을 갖췄다.

자연히 네덜란드 지방은 북유럽에서 가장 먼저 공업과 상업, 무역이 발달하여 알프스 이북 경제의 노른자위가 되었으며,

막강한 경제력과 앞서 깨어난 시민 정신은 조그만 나라 네덜란드가 강대국 틈바구니 속에서도 당당히 자유와 독립을 유지해오는 원동력이 되었다.

5세기까지 지속된 로마의 지배는 서유럽의 공통된 역사이며,

로마 멸망 이후 게르만족이 세운 프랑크 왕국의 역사 또한 도이칠란트, 프랑스가 모두 공통으로 갖는 역사이기도 하다.

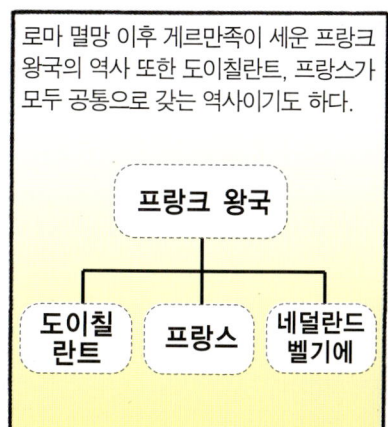

네덜란드가 역사에 정식으로 등장하는 것은 1100년 무렵 홀란트 공국이 세워지면서부터다.

이 지방에는 공업과 무역을 중심으로 하는 여러 부유한 도시들이 밀집해 있었고, 이들은 봉건 영주로부터 자치권과 자유를 사들인 자유 도시들이었는데

이들이 자신들을 보호하기 위해 자유 도시끼리 한자(Hansa) 동맹을 맺어 군대까지 보유한 세력으로 떠오르면서 그 의미가 부상했다.

13~14세기에 걸쳐 네덜란드 지방은 알프스 이북 지방의 상권과 경제권을 장악하고 크게 번창했다.

그러나 왕가들끼리의 결혼에서 네덜란드는 그 대부분이 부르고뉴 왕가의 소유로 넘어갔고

부르고뉴 왕녀가 합스부르크 왕가에 시집을 가면서 네덜란드는 1516년 합스부르크 왕가의 소유가 되었다.

그런데 문제는 합스부르크 왕가의 카를 5세가 후사를 남기지 못하고 세상을 떠난 이사벨 여왕의 뒤를 이어 스페인 왕으로 즉위함(1515)에 따라 머나먼 나라인 스페인의 소유가 되어버린 데서 시작된다.

이 독립 전쟁 과정에서 네덜란드의 남부 지방은 스페인 군대에 굴복하여 가톨릭교도로 그대로 남았으며

홀란트 주를 비롯한 북부 지방은 끝까지 전쟁을 계속해, 1588년 7개 주가 동맹하여 신교 국가인 통일 네덜란드 왕국의 성립을 선언하였는데

이 남부 지방이 오늘날의 벨기에, 북부 지방이 네덜란드가 되는 계기가 되었다.

이때는 당시 유럽 최강국이었던 스페인을 상대로 영국, 프랑스가 연합하여 싸우고 있던 상황으로

영국, 네덜란드 연합 함대는 칼레 해역에서 스페인의 무적함대를 궤멸하여 네덜란드는 사양길에 접어든 스페인의 영향에서 사실상 벗어날 수 있었다.

1596년, 영국과 프랑스가 통일 네덜란드 왕국을 인정함으로써 네덜란드는 사실상 독립한 셈이었으나 명목상으로는 아직도 분명히 스페인의 속국이었다.

신·구교 국가들 간의 전쟁인 30년 전쟁이 터지자 네덜란드는 영국·프랑스와 연합군을 결성하여 스페인과 싸웠고(1618~1648)

1648년, 베스트팔렌 강화 조약과 함께 네덜란드는 독립을 인정받았으니, 80년 독립 전쟁 끝에 쟁취한 자유와 자주였다.

전쟁을 하는 한편, 네덜란드는 세계로 눈을 돌렸다.

세계는 넓고 할 일은 많다.

1602년에 이미 동인도 회사를 설립하는 등 세계로 진출하기 시작한 네덜란드는 해상권을 영국에 빼앗기고 난 뒤 식민지 공략보다는 교역에 중점을 두었는데,

전 세계로 눈을 돌린 스페인, 포르투갈, 영국, 프랑스 등이 식민지 착취에 열을 올릴 때 네덜란드는 무역 중심의 해외 진출을 했다는 점에서 최초로 세계화의 길을 걸었다고 볼 수 있다.

비즈니스!

일본, 중국과도 활발한 교역을 했고, 인도네시아를 식민지로 만들어 300년간 지배하기도 했다.

우리나라에 처음 온 서양인이 누구지?

하멜 = 네덜란드인!

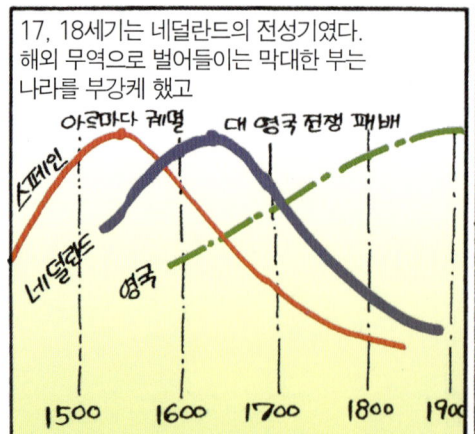

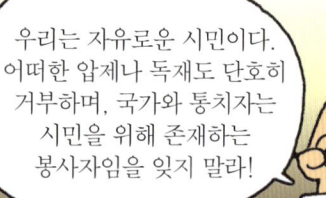

이 오페라가 끝날 무렵, 객석에 앉아 있는 사람은 아무도 없었다. 혁명이 시작된 것이다.

남부 지방은 그해 10월 4일 독립을 선언했고, 이는 곧 남북 간의 충돌로 이어졌으며

결국 북부는 남부의 독립을 인정, 1831년 레오폴드가 국왕으로 즉위하니, 이것이 곧 벨기에 왕국의 성립이다.

거쳐온 방법은 달랐지만 네덜란드와 벨기에는 대부분의 역사를 공유한다.

그래서 비록 서로 다른 나라로 갈라서긴 했지만 한 형제, 한 가족이란 정서가 뿌리 깊게 자리하고 있고

그러기에 벨기에, 네덜란드, 룩셈부르크 세 나라는 베네룩스(BENELUX) 동맹을 맺어 사실상 한 울타리 안에서 살아온 것이다.

· 룩셈부르크

룩셈부르크는 미니 국가라고 할 수도, 아니라고 할 수도 없는 면적 2,586km²의 '꼬마' 나라다.

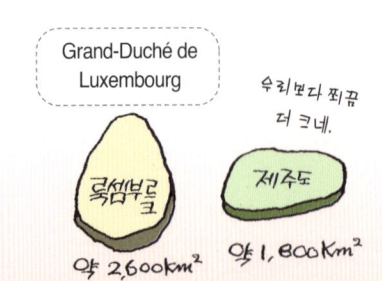

안도라, 모나코, 산마리노 공화국처럼 화폐도 경찰도 제도도 프랑스, 이탈리아에 의존하는 어정쩡한 독립 국가가 아니다.

* 2022년 현재 룩셈부르크, 프랑스, 벨기에 모두 유로를 사용.

벨기에, 네덜란드와 더불어 1948년 맺은 베네룩스(BENELUX)의 당당한 일원인 데다가

1956년에 개정된 헌법에 의해 세습 왕위 계승권을 가진 당당한 입헌 군주국이다.

유럽 연합(EU) 회원국끼리 갈등이 생겼을 때, 이를 법정에서 심판해줄 유럽 법원이 룩셈부르크에 자리 잡고 있고

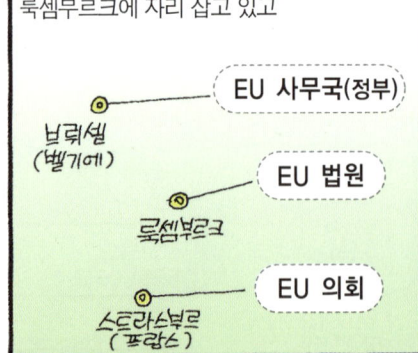

전 유럽 은행 금융의 중심지가 바로 룩셈부르크이니, 이처럼 당당한 나라를 어찌 미니 국가라고 부를 수 있겠는가!

나폴레옹 몰락 후, 유럽 판도를 조정하기 위한 빈 회의(1815)에서 룩셈부르크 공국의 독립이 재확인되었지만

완전한 독립국으로 인정된 것은 1867년 런던 조약에 의해서였다.

그러나 비스마르크 시대의 프로이센, 히틀러의 나치 군대에 점령당하는 작은 나라의 비애를 겪기도 했다.

오늘의 룩셈부르크는 유럽 공동체(EC), 유럽 연합의 핵심 국가로

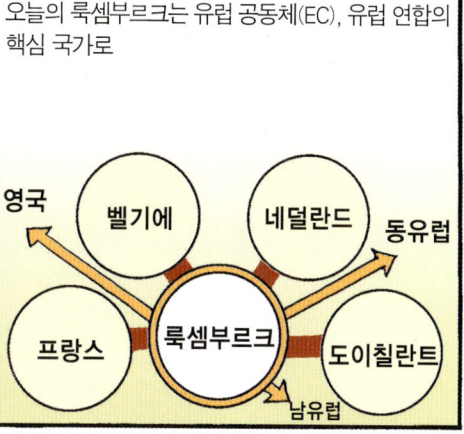

이웃 벨기에, 네덜란드와는 같은 베네룩스 동맹 아래 공존하며

유럽 금융의 조타실로 거대한 유럽 경제호를 몰고 있는 무서운 작은 나라이다.

하나의 나라 YES, 하나의 방식 NO!

스위스
Switzerland

SCHWEIZ
SUISSE
SVIZZERA
SVIZRA

저게 어느 나라야?

'우리나라'와 25개 이웃 나라를 합쳐서 부르는 이름이지, 아마?

스위스의 역사는 세계에 유례가 없는 특수한 역사다.

거참 묘하네!

스위스란 서류에 등장하는 국가일 뿐 실제로는 26개의 독립 국가(칸톤이라 불리는 주)들의 집합체이기 때문이다.

23개 주다!

아니다! 20개 주+(3×2) 주 =26개 주다!

* 1. Arnold von Melchtal 2. Walter Fürst 3. Werner Stauffacher

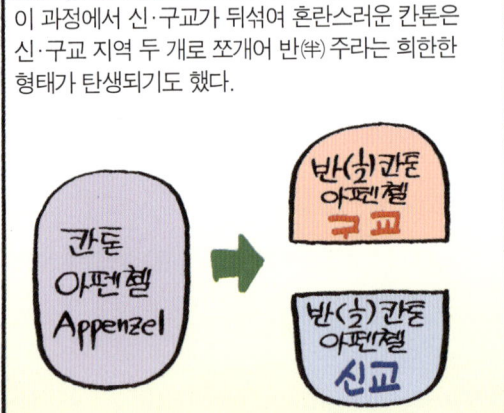

각 주의 세금 등 모든 행정은 자주권을 지니고 중앙 정부와 무관하게 독립을 유지하되,

외교·국방 그리고 사회 간접 자본 투자 설비 일부분은 중앙 정부가 맡기로 한 것이다.

특수한 역사를 지닌 영구 중립국 스위스는 두 번에 걸친 세계 대전에서도 머리털 하나 다치지 않은 채

경제 발전을 계속하여 세계 5대 부자 나라 중 하나가 될 수 있었다.

제2차 세계 대전이 끝난 뒤 세계가 미·소를 중심으로 한 냉전 체제에 돌입하자

국제기구, 국제회의 등이 중립국이라는 조건으로 스위스에 몰려들어 냉전 특수(?)를 즐기게 되었고,

스위스 은행들은 세계의 '검은 돈 예치소'가 되어 세계적인 비난 속에서도 유례 없는 호경기를 누릴 수 있었다.

그러나 소련과 동구권이 몰락하여 냉전 체제가 허물어지자 중립국이라는 스위스의 입장도 그 빛을 잃어 서서히 그 의미에 회의가 일고 있으며

최근 계속 폭로되는 스위스의 제2차 세계 대전 당시 나치 도이칠란트와의 협력 사실

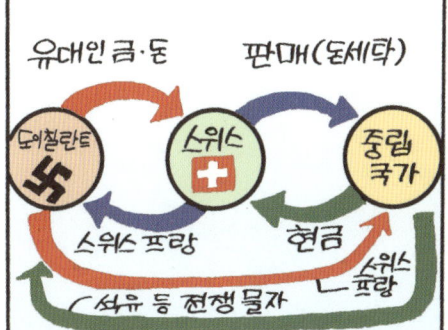

그리고 스위스 은행에 예치된 막대한 액수의 유대인 돈의 유용 등으로 스위스는 점차 그 도덕성에 의심을 받고 있기도 하다.

독특한 역사답게 스위스는 독특한(?) 민주주의 방식을 지니고 있다. 1971년까지 여성의 참정권을 인정하지 않은 것이다.

1971년에야 여성도 투표를 할 수 있게 되었지만 아펜첼 주의 여성들은 지금도 투표권이 없다.

* 아펜첼 아우서로덴 주에서는 1989년부터 여성이 투표권을 획득.

K&K 시대의 영광을 그리며
오스트리아
Austria

K=Kaiserreich
=Empire
=오스트리아 제국

K=Königreich
=Kingdom
=헝가리 왕국

오늘날 유럽이 기독교 문명권으로 발전할 수 있었던 것은 이슬람의 침공을 막아낸 두 번에 걸친 결정적인 승리의 결과였다.

732년, 프랑스 푸아티에에서 카롤루스 마르텔이 거둔 승리로 이슬람 세력을 피레네 산맥 아래로 몰아냈고

1529년, 1683년 두 번에 걸쳐 오스만 제국의 대군을 빈 바로 앞에서 격멸시켜 이슬람 세력을 저지시켰다.

오스트리아는 바로 유럽의 동쪽 끝이자 동방으로 향한 문이며 유럽을 지킨 요새라는 의미. 오스트리아(Österreich=동쪽 나라)란 나라 이름도 이래서 나온 것이다.

로마인들은 도나우 강을 로마 제국의 북쪽 경계로 삼아 이 지역을 몇 개의 구역으로 나누고

게르만족을 방어하기 위해 도나우 강을 따라 이른바 리메스(Limes)라는 방어 진지를 구축하였는데, 이들이 오늘날 오스트리아 주요 도시의 기초가 된다.

 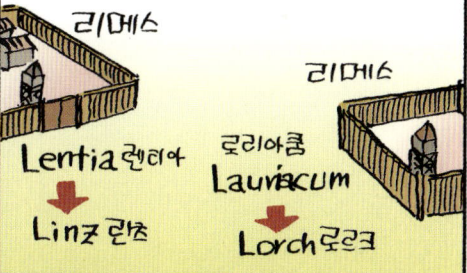

로마 제국이 무너지면서 게르만족의 일파인 프랑크족이 이 지역을 지배하고, 카롤링거 왕가의 카롤루스 대제(샤를마뉴)는 그 영토를 지금의 헝가리까지 넓혔다(9세기).

996년, 이 지방에 최초로 '동쪽 나라'라는 뜻의 '오스타리히(Ostarrichi)' 왕국이 등장했는데, 이것이 곧 오스트리아(Österreich)의 모태다.

도이칠란트, 오스트리아 등 유럽 중앙의 역사는 대단히 복잡하다. 이 지방 주도적 민족이 도이치족이었기 때문에 두 나라 역사는 서로 뒤얽히고 중복되며 이합집산이 거듭된다.

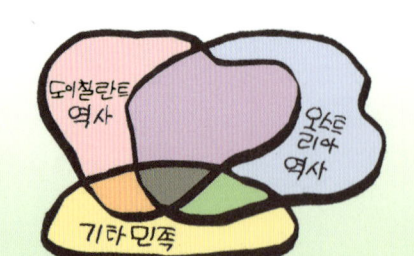

그러나 어쨌든 도이치족은 합스부르크 가문이 장악했고, 합스부르크 왕가는 14세기부터 20세기 초까지 지금의 오스트리아 지방을 중심으로 유럽 동부의 주도권을 장악했다.

오스트리아 왕은 곧 도이칠란트 황제였으며, 도이칠란트 민족의 정신적 연합체인 신성 로마 제국의 황제이기도 했기 때문에

상징적으로는 로마 제국의 정통성을 이어받았으며, 로마 교황의 보호자였으므로 스스로 전 유럽의 지배자로 자처하였고

이는 새로운 유럽의 강자로 떠오른 프랑스 부르봉 왕가와 천적(天敵)의 관계로, 수백 년에 걸친 경쟁의 근본 원인이 된다.

오스트리아가 유럽의 강자로 떠오르게 된 것은 1529년과 1683년, 두 번에 걸친 오스만 제국의 침공을 물리치면서부터다.

1529년, 이슬람을 물리쳤던 합스부르크 왕가는 스페인과 네덜란드까지 지배하는 강자로 떠올랐고

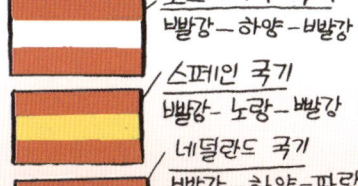

(답) 합스부르크 왕가 깃발 : 가로 삼색기

1683년에 승리한 오스트리아는 패전으로 약화된 오스만 제국의 영토를 빼앗아 방대한 대제국으로 발전하게 되었다.

이러한 승리와 국위 선양에 도취한 합스부르크 가문은 스스로의 권위와 긍지를 과시하기 위한 독자적인 건축 양식을 창조해냈으니, 이것이 오스트리아의 바로크 양식이다.

지금도 오스트리아 곳곳에 남아 있는 바로크 양식의 건축물들은 화려했던 대제국의 영광과 긍지를 말해주고 있다.

오스트리아의 국력은 마리아 테레지아 시대에 그 절정에 이르러, 빈은 파리와 쌍벽을 이루며 유럽의 중심지가 되었다.

그러나 프랑스 대혁명과 나폴레옹 전쟁은 이를 저지하는 데 주도적이었던 오스트리아의 운명을 뒤흔들어버렸다.

도이칠란트 민족 통일 국가를 건설하려는 비스마르크의 프로이센과 현 도이칠란트의 남쪽에서 세력을 그대로 누리려던 오스트리아는 전쟁을 피할 수 없었다.

쾨니히그레츠 전투(1866)에서 대패한 오스트리아는 이로써 영구히 도이칠란트 영토에 대한 영향력을 상실한다.

프로이센에 패한 허약해진 오스트리아에 대해 헝가리 등의 민족주의자들의 독립 투쟁은 더욱 거세졌는데

헝가리를 사실상 독립시켜주되, 왕과 내각을 오스트리아가 겸임한다는 기묘한 협상안이 채택되어

1867년, K&K 제국(Double Kingdom)이 탄생하게 되었던 것이다.

그러나 오스트리아의 영토는 방대했으며, 당연히 복잡한 민족으로 구성되었기 때문에

오스트리아-헝가리 제국으로 사실상 헝가리가 독립되는 것을 목격한 민족주의자들은 더욱 거세게 독립 투쟁을 전개했고

정부는 비밀경찰, 군대들을 동원하여 무자비하게 탄압했다.

이에 겹쳐 영국, 프랑스, 러시아 등 식민주의자들의 세력은 오스트리아, 오스만 제국의 영토를 탐내 이들의 독립운동을 뒤에서 부추기고 있었는데

1914년 6월 28일, 사라예보에서 세르비아의 비밀 결사 대원에게 황태자 페르디난트가 암살되는 사건은 결국 제1차 세계 대전의 도화선이 되었다.

오스트리아, 오스만 제국의 영토를 노리는 열강, 이 열강이 이미 차지한 식민지를 노리는 도이칠란트.

이런 복잡한 이해가 뒤얽힌 제1차 세계 대전은 도이칠란트, 오스트리아, 터키 대 프랑스, 영국 등의 힘겨루기 전쟁으로

1918년, 도이칠란트가 항복함으로써 전쟁은 끝났고 합스부르크 왕가는 몰락했으며, 오스트리아 제국과 오스만 제국도 말 그대로 산산조각, 공중분해되고 말았다.

터키는 물론 오스트리아도 도이칠란트어권 지역만 남기고 모조리 민족 국가로 독립시킴으로써

대제국 오스트리아는 대제국에서 오늘의 조그만 영토로 명맥을 유지하게 된 것이다.

망한 제국, 새로 태어난 공화국…, 새롭게 밀려온 공산주의 사상. 1920, 1930년대의 오스트리아는 심각한 경제·사회적 갈등을 겪는다.

그러다가 1938년, 내부의 나치 동조자들에 의해 오스트리아는 히틀러의 도이칠란트에 합병되고 만다.

그러나 얼떨결에 참전한 제2차 세계 대전에서 오스트리아는 도이칠란트와 함께 패전국이 되었고

경제 여건상 항상 서방과 훨씬 밀접한 관계를 맺고 경제 발전을 해왔지만

오스트리아는 결코 서방 세계든 공산 세계든 어떠한 블록과도 동맹을 맺지 않고 철저한 중립을 유지하여

빈은 뉴욕, 제네바에 이어 세 번째의 UN 도시가 되기도 했다.

소련과 동구권이 무너짐으로써 중립의 의미가 사라지게 된 1990년대, 오스트리아는 더 이상 중립을 지킬 이유도 필요도 없어졌다.

1997년 1월 1일, 오스트리아는 EU에 가입하여 새로운 출발을 했다.

'위대한' 합스부르크의 후예들은 이제 드디어 알프스 산골짝을 벗어난 것이다.

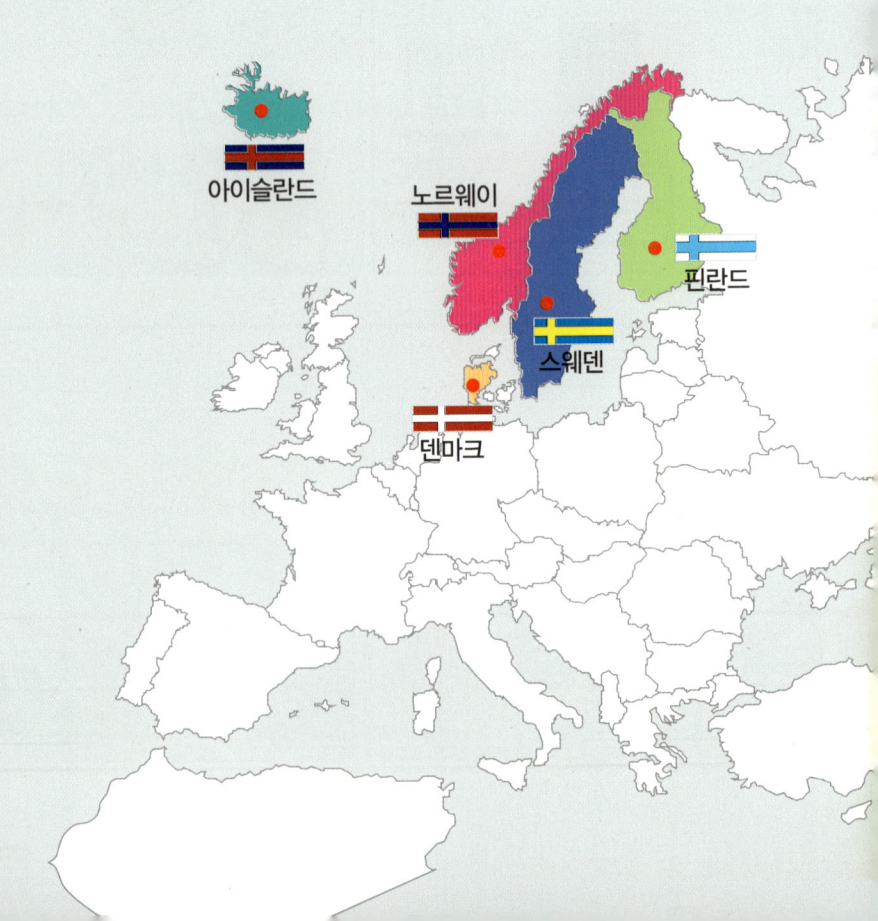

북부 유럽

스칸디나비아에서는 우리가 맹주다!

덴마크·아이슬란드
Denmark · Iceland

중세기 앨퀸(Alcuin)이란 승려의 기록을 믿는다면, 덴마크를 바이킹족이 지배하기 시작한 것은 서기 793년 6월 7일이다.

난데없이 북방에서 야만족이 내려와

바이킹족은 용맹스럽고 사나운 북방 민족으로, 게르만족의 한 일파인 노르만인인데

우리는 왜 이리 겁이 없을까?

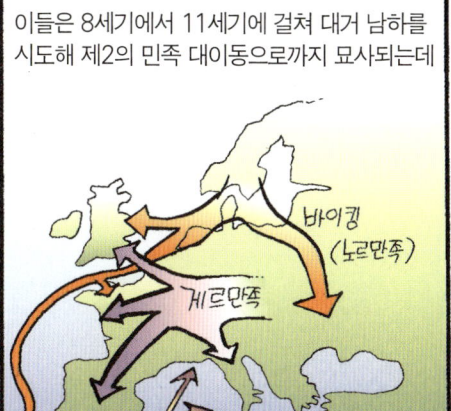

962년, 하랄 왕은 덴마크를 통일한 강력한 왕국을 건설하고 그리스도교를 받아들였으며,

1013년, 그의 아들 스벤 1세는 영국을 정복하는가 하면,

손자인 크누트 대왕(재위:1014~1035)은 영국과 노르웨이의 왕까지 겸하는 대왕국을 건설하였다.

영국의 문호 셰익스피어의 비극 〈햄릿〉의 무대가 덴마크인 이유도 바로 여기에 있다.

크누트의 죽음 뒤, 덴마크는 심각한 내분과 권력 다툼으로 허약해지지만

14세기 말 마르그레테 여왕이 즉위하면서 대덴마크 왕국의 역사가 부활한다.

이들의 지원 아래 왕위 세습제를 정착시키고 귀족을 눌러 절대 군주제를 확립하였다.

상공업자, 무역업자들을 지원하고 귀족 세력을 약화시키기 위해 1788년 농노 해방을 단행했고

자유 무역을 적극 권장, 덴마크의 경제도 탄탄해져갔다.

그러나 역시 부르주아 세력의 주도 아래 터진 프랑스 대혁명은 그들에겐 아주 고무적인 것이었고

자유·평등·박애 정신을 세상에 전파한다는 명분 아래 벌어진 나폴레옹 전쟁에서

덴마크는 이에 동조하여 나폴레옹 편에 서서 영국, 러시아, 스웨덴을 상대로 한 전쟁에 끼어들게 되었다.

결국 그해 덴마크는 아이슬란드의 독립을 인정하였고

1945년, 영국군에 의해 덴마크는 도이칠란트 점령군으로부터 해방될 수 있었다.

제2차 세계 대전이 끝난 뒤, 덴마크는 중립 정책을 버리고 친서방으로 전환하면서

1949년 NATO(나토)에 가입, 반소·반공 노선을 분명히 하고 EEC, EU 등 서유럽과 공동으로 경제 발전에 전력을 쏟았다.

덴마크는 지금 가장 탄탄한 경제력과 훌륭한 사회 복지 제도를 지니고 있는 스칸디나비아의 모범 국가이며, 세계 최선진국의 하나다.

또한 그린란드(220만km²)라는 세계에서 가장 큰 섬을 소유하고 있는 대영토 국가이며, 안데르센 등을 배출한 훌륭한 문화 국가이기도 하다.

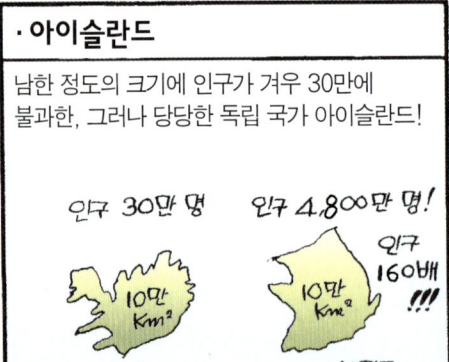

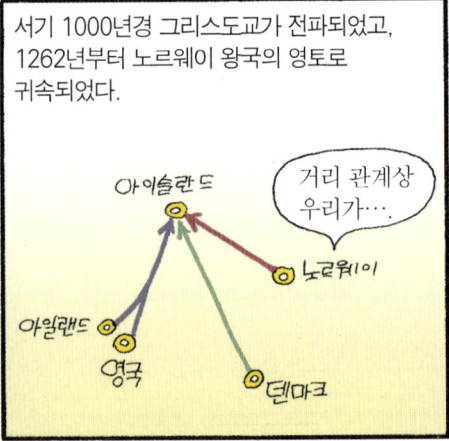

바사 대왕의 영광을 꿈꾸는 바이킹의 후예들

스웨덴
Sweden

스웨덴은 1813년을 마지막으로 그 이후엔 전쟁을 겪지 않은 평화의 나라이다.

200년 가까운 평화.

스웨덴 축제의 잎덩쿨

그 평화 속에서 세계 최고의 복지 국가를 건설하여 한때 '지상 낙원'으로 불리던 나라이기도 하다.

요람에서 무덤까지 나라가 책임지고

아름다운 금발 여인!

깨끗한 자연, 전쟁 없는 낙원.

Hurstar det till? 후르스토데틸

방가 방가

* 후르스토데틸 : 안녕하세요?

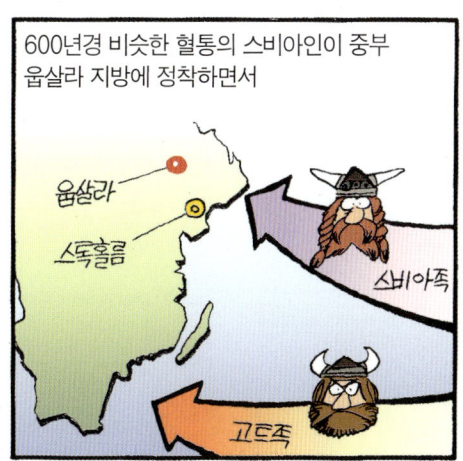

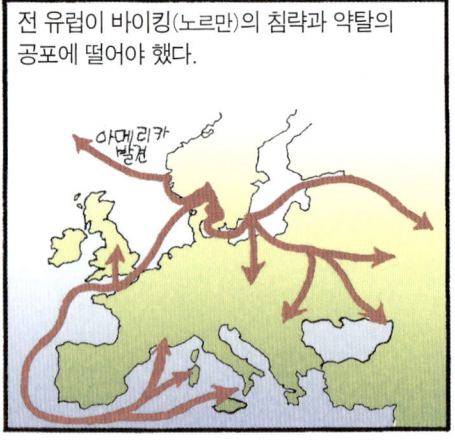

13세기는 노르웨이, 스웨덴, 덴마크 왕가 사이의 복잡한 결혼 관계로 사실상 덴마크의 통치 시대로 접어드는데

노르웨이 왕을 겸하던 덴마크의 마르그레테 여왕이 1397년 칼마르 동맹을 맺으며 스웨덴 왕을 폐하고

스스로 스웨덴 왕까지 겸함으로써 스웨덴은 칼마르라는 동군연합(同君聯合)으로 1523년까지 126년간 덴마크의 지배를 받는다.

동군연합=한 명의 군주(왕)를 섬기는 연합 3국가 (덴마크, 노르웨이, 스웨덴)

덴마크의 지배를 벗어나려는 독립 투쟁은 그동안 끊이지 않고 벌어졌다.

특히 1434년 광산업자였던 엥겔브렉트손이 이끄는 농민 반란은

덴마크를 몰아내자!

스웨덴의 귀족과 시민들의 지지를 받았고, 비록 독립 쟁취에는 끝내 실패하였지만 엥겔브렉트손은 지금까지도 스웨덴 국민의 존경을 받는 인물이다.

스웨덴 판 김구 선생이랄까….

스웨덴의 독립을 쟁취한 인물은 16세기 초 농민을 이끌고 독립 전쟁을 지휘한 바사 지방 출신 귀족 구스타브 바사였다.

그가 덴마크군에 쫓길 때 노르웨이·스웨덴 농민들이 그를 보호하여 290km의 눈길을 스키로 도주시킨 것을 기리기 위해

지금도 매년 3월 초면 세계에서 모여든 1만여 명의 스키어들이 290km 눈길을 달리는 바사 경주를 하는데 이는 세계적으로 유명한 행사이자 스웨덴 최대의 축제이기도 하다.

구스타브 바사는 1523년 덴마크군을 격파하고 칼마르 동맹을 깨 스웨덴의 독립을 이룩하며 구스타브 1세가 되었다.

마침 유럽에 번지던 마르틴 루터의 종교 개혁을 받아들여 가톨릭에서 복음 루터교(신교)로 바꾸었고

가톨릭교회의 재산을 몰수함으로써 왕실의 재정을 튼튼히 했다.

퇴위 후엔 가톨릭으로 개종하여 로마에서 여생을 보냈는데, 그녀의 죽음으로 바사 왕조는 단절되었다.

바사 왕조 시대의 영광은 점차 빛이 바래고 너무 오래 계속된 전쟁으로 재정은 악화되고 국민은 지쳐갔다.

그 결과, 스웨덴은 새로 일어난 프로이센에 눌려 다시 2류 국가로 전락하고 말았다.

18세기 들어 국내는 국왕의 전제 정치에 저항하는 의회파들의 민주화 요구로 나라가 비틀댔는데

결국 1723년 의회에 힘을 실어주고 전제 정치를 포기하는 새로운 헌법이 공포되었지만

정치 싸움으로 국론이 분열되고 쓸데없는 전쟁에 끼어들어 상당한 영토까지 빼앗겼다.

스칸디나비아 최빈국에서 최부국이 되기까지
노르웨이
Norway

노르웨이에서는 모든 것이 거칠다. 바다도, 바람도, 하늘도, 깎아지른 절벽도….	다만 그곳에 살고 있는 노르웨이인들만은 더할 수 없이 부드럽고 순박하기만 하다. 거칠기 그지없던 바이킹의 후예인데도….

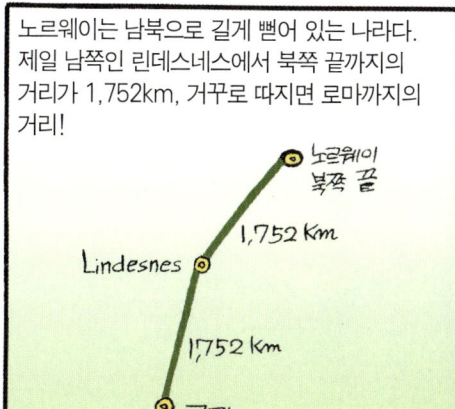

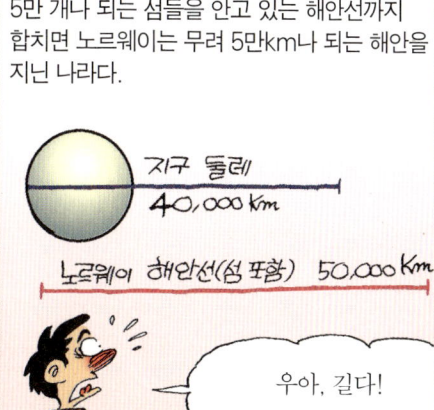

율(Jul:크리스마스)과 파스케(Paaske:부활절)가 가장 큰 종교적 명절이며

* Thank you very much!

종교 개혁을 받아들여 전국민의 96%가 루터교를 믿고 있다.

하랄에 의해 세워진 노르게 왕국은 왕위 계승 투쟁으로 계속 허약해졌고, 이웃 나라의 세력에 눌려 밀리기만 했는데

14세기 후반 노르웨이 왕 호콘 6세가 덴마크 왕녀 마르그레테와 결혼하여, 그가 죽은 뒤 노르웨이 왕을 그녀가 겸함으로써 덴마크의 지배 아래 들어갔다.

그러다가 1397년 칼마르 동맹에 의해 스웨덴, 노르웨이가 덴마크에 종속되었다.

1526년 구스타브 바사에 의해 스웨덴은 독립을 쟁취하였지만, 덴마크의 노르웨이 지배는 300년이나 더 계속되었다.

나폴레옹 전쟁 당시 덴마크가 프랑스 편에 서서 싸웠다가 나폴레옹이 몰락하게 되자

1814년 노르웨이는 나폴레옹과 싸운 스웨덴의 지배를 받게 된다.

그러나 400년이 넘도록 덴마크의 지배를 받는 동안, 노르웨이 국민들은 언어, 풍습 등 덴마크 문화에 적지 않게 동화되었고

새로운 지배자인 스웨덴과는 모든 면에서 맞지 않아 반감이 고조되어 끊임없이 독립운동이 전개되었다.

더욱이 노르웨이의 새 통치자인 스웨덴 왕 칼 14세는 노르웨이에 상당히 민주적인 헌법을 허용하였고

또한 19세기 전 유럽에 휘몰아친 민족주의 열풍에 휩싸여 노르웨이의 스웨덴으로부터의 분리 독립운동은 날로 가열되었다.

바다의 나라답게 전 유럽에서 조선업 2위, 어획량 2위를 자랑하고 있다.

그럼에도 불구하고 스칸디나비아 4개국 중 국민 소득이 가장 떨어지는 나라가 노르웨이였다.

그러나 1970년대 북해에서 발견된 유전은 노르웨이의 역사를 뒤바꾸어놓았다.

노르웨이는 러시아에 이어 일약 유럽 제2의 산유국이 되어 막대한 석유 수출로 국민들의 소득도 크게 늘게 되었고 산업 시설도 늘어났다.

그 결과 과거에는 노르웨이인들이 일자리를 찾아 스웨덴으로 가던 것이

이제는 반대로 돈을 벌러 오는 스웨덴인들을 노르웨이인들이 부리는 형편으로 바뀌었다.

400년이 넘는 덴마크의 지배는 노르웨이 문화에 커다란 영향을 미쳤다. 무엇보다 언어에 끼친 영향이 크다.

현대 노르웨이에는 두 개의 언어가 있는데, 보크몰(Bokmal)과 란스몰(Landsmal)이 그것으로

보크몰이란 수백 년 동안 덴마크가 지배하던 시절에 노르웨이화한 덴마크 말인데

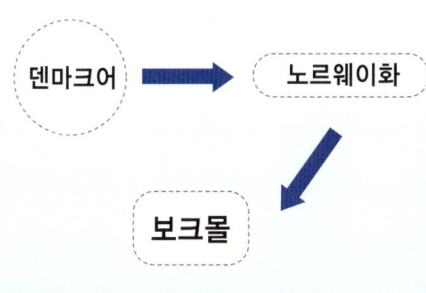

대도시 주민들과 상류층에서 주로 쓰는 말이다.

노르만의 윌리엄이 영국을 정복한 뒤 영국 궁정에선 프랑스 말이 공용어였고

혁명 전 차르 시대 러시아 왕실, 상류 사회에서도 프랑스어가 공용어였죠.

란스몰이란 드넓은 노르웨이 땅에 띄엄띄엄 떨어져 사는 주민들의 잡다한 토속어, 고어, 방언들을

19세기 민족주의 바람 속에서 반외세, 반외래 문화의 기치를 내걸고 이바르 오센(Ivar Aasen, 1813~1896)이란 언어학자가 수집, 정리한 것으로

* 원유 수출량 세계 7위, 천연가스 수출량 세계 3위.

핀란디아, 우리들 투쟁 정신의 노래!
핀란드
Finland

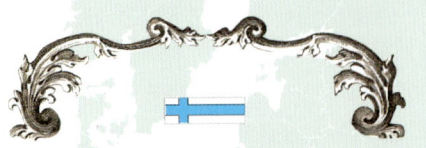
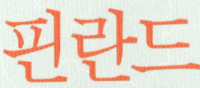

핀란드는 세계 16위의 경제 국가이다. 사람들은 핀란드라면 목재 판매, 관광 수입을 주 수입원으로 생각하지만

핀란드…. 아! 사우나의 나라?

디자인, 가구, 유리, 도자기, 보석, 전자 등 다양하고 앞선 산업이 고르게 발달했다는 사실은 잘 모른다.

수출의 15%가 컴퓨터 등 하이테크 제품!

세계 휴대폰 시장을 석권한 노키아(Nokia)도 핀란드 제품!

핀란드인들은 자신의 나라를 수오미(Suomi) 즉, 호수의 나라라고 부른다. 그도 그럴 것이 국토의 15%가 호수이고 그 수는 무려 20만 개에 이르며,

호수 안의 섬도 18만 개!

핀란드 모든 호수의 물은 그 자리에서 떠 마실 수 있는 오염되지 않은 깨끗한 자연수다.

캬~ 물맛 좋다!

다양하고 활기에 찬 산업, 그와 함께 오염되지 않은 청정 자연을 잘 보존해오는 데 성공한 핀란드 국민, 그들은 과연 누구인가?

이 땅의 원주민은 아시아에서 건너온 몽골계 랩족으로, 이들은 지금도 핀란드 북부 지방 랩랜드에서 살고 있다.

Lapp족 = Samen이라고도 부른다.

그러나 이 나라의 주 민족은 우랄-카스피 해 등지에서 건너온 아시아계 민족으로 독자적 언어와 풍습을 지닌 핀(Finn)족이며, 나라 이름도 여기에서 비롯된다.

나라의 위치가 두 강력한 이웃인 스웨덴과 러시아 사이에 끼어 있는 까닭에 그들의 역사는 두 나라의 끝없는 괴롭힘 속에 펼쳐진다.

1700년경부터는 강력해진 러시아의 침략이 시작되어 영토의 대부분을 점령당했다.

1788년, 러시아의 후원 아래 핀란드 군부가 스웨덴으로부터 자치권을 요구하면서 무력 투쟁이 시작되었고

1809년, 스웨덴이 물러감으로써 핀란드는 러시아 자치령이 되어 실질적인 러시아 지배권에 흡수되고 말았다.

러시아는 핀란드에 대한 지배를 점차 강화, 1835년엔 핀란드 의회의 입법권을 정지시켰으며

1878년에는 핀란드 군대를 러시아군에 편입시키고 러시아어를 공용어로 강요하였다.

핀란드 국민의 반러시아 독립 투쟁도 가열되어 시벨리우스가 작곡한 '핀란디아'는 그들 독립 정신의 상징이었다.

줄기찬 저항에도 불구하고, 러시아는 1902년 핀란드를 합병하고 총독을 파견함으로써 이른바 러시아령 시대가 시작되었는데

핀란드 독립운동가들은 1904년 러시아 총독을 암살하는가 하면

1905년에는 헌법 제정, 보통 선거권과 자치권을 요구하는 파업이 전국적으로 발생했다.

제1차 혁명으로 국내 사정이 혼란했던 러시아는 훨씬 뒤로 물러나 이를 허용했고

1906년 핀란드는 유럽에서는 최초로 여성에게 투표권을 허용하는 새로운 헌법을 제정하였다.

제1차 세계 대전이 막바지로 치닫던 1917년, 러시아에 볼셰비키 공산혁명이 발발하자

1918년 만네르헤임 장군이 이끄는 핀란드 의용군은 러시아군을 격파, 공화국 헌법을 공포하였고(1919).

1920년, 러시아가 정식으로 독립을 인정함으로써 500년에 걸친 외세의 지배를 떨치고 당당한 독립국으로서 국제 무대에 등장하였다.

그러나 핀란드가 독립하여 자유를 누린 것은 불과 20년.

1939년 제2차 세계 대전이 터지자 핀란드에 또다시 전쟁의 먹구름이 짙게 드리웠다.

도이칠란트와 소련은 불가침 조약을 맺었지만 도이칠란트는 스칸디나비아에 진출하고 있었고,

이는 소련으로서는 언제든 침공해 올지 모르는 나치군이 지나가게 되어 있는 핀란드가 크게 불안하지 않을 수 없었다.

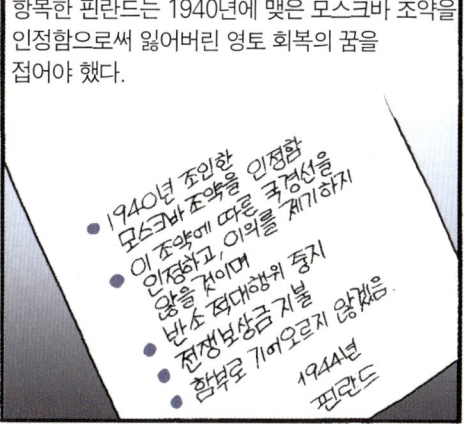

이제 핀란드는 스칸디나비아에서 가장 탄탄한 경제를 자랑할 뿐 아니라

산업 발달에도 불구하고 깨끗한 자연을 그대로 보존한 세계의 모범 국가가 되었다.

누구도 넘볼 수 없는 튼튼한 저력을 지닌 선진국으로 훌륭한 사회 복지 제도를 갖추고도 이를 뒷받침할 수 있는 산업을 키우고 있으며

세계에서 가장 앞선 남녀평등 국가이자 열린 사고로 시대 변화에 민첩하게 변신할 줄 아는 작고 강한 정부를 지닌 나라다.

2000년 2월 대통령 선거에서 여성이 당선됨으로써 스칸디나비아 반도 첫 여성 대통령을 탄생시켰다.

핀란드는 지금도 그들의 호수처럼 맑고 깨끗한 정치와 사회를 지켜나가는 극히 드문 모범 국가의 하나인 것이다.

동부 유럽

광활한 대지에서 벌어진 비애의 역사
러시아
Russia

제정 러시아의 수도는 상트페테르부르크였다. 근대 러시아의 아버지 표트르 대제의 영광을 기리기 위한 이름이다.

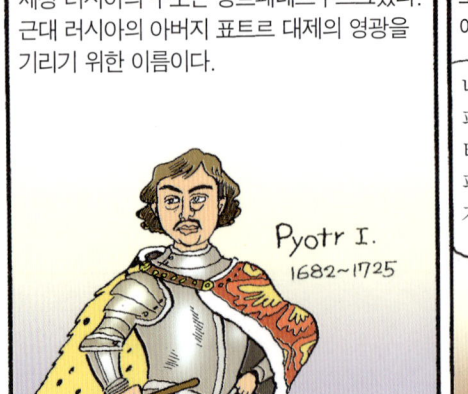

Pyotr I.
1682~1725

오늘날 90세 이상 되는 러시아인들은 이렇게 얘기한다.

나는 상트페테르부르크에서 태어나 페트로그라드에서 자라고

레닌그라드에서 살다가 다시 상트페테르부르크에서 삶을 마칠 것이다.

이는 러시아의 현대사, 즉 20세기가 그만큼 파란만장했다는 사실을 단적으로 증언한다.

18세기 초 러시아 수도

- 상트페테르부르크 — 도이칠란트식 'BURG' 명칭 도입
- 1914 페트로그라드 — 제1차 세계 대전. 반독 정서 러시아어로 개칭
- 1924 레닌그라드 — 1924년 레닌 사망
- 1991 상트페테르부르크 — 소련 붕괴 러시아로 복귀

러시아는 세계에서 비교할 나라가 없는 가장 큰 국가로 유럽과 아시아 대륙에 걸쳐 자리 잡고 있다.

유라시아 대륙의 나라!

EUROPE + ASIA → EURASIA

도이칠란트 학자: 알렉산더 훔볼트
1769~1859
Alexander von Humboldt

1867년 오스트레일리아 대륙의 2배에 이르는 거대한 국토 알래스카를 단돈 730만 달러에 미국에게 팔지 않았다면, 러시아의 영토는 아메리카까지 3개 대륙에 이를 뻔했다.

730억 달러 줄게 되팔래?
730조 달러 줘도 안 판다! 알래스카

이 광활한 대지에 200여 민족이 살고 있으며, 79.8%에 이르는 러시아 민족으로부터 겨우 500명에 지나지 않는 엔젠족까지 다양한 민족이 살고 있다.

서쪽으로는 폴란드로부터 동쪽으로는 우리나라에 이르기까지 14개 나라와 국경을 맞대고 있으며 동서의 양 끝이 무려 10시간의 차이가 나는 나라!

도브리 데니!
(안녕)
한·러국경

300만 개 이상의 하천이 흐르고, 500km 이상의 큰 강도 200개나 되는 러시아.

한반도의 77배나 되는 땅에
그 무언들 없겠나?

서기 700년대부터 전 유럽을 휘젓고 다니던 바이킹 상인들이 그들을 노예(Slave)처럼 부린 데서 슬라브족이란 말이 생겼다는 설도 있다.

루스들이 최초로 통일 국가와 유사한 나라를 세운 곳은, 지금의 러시아가 아니라 우크라이나의 드네프르 강가로 880년경이다.

우크라이나의 수도인 키예프를 중심으로 발전했기에, 이때를 '키예프루스' 시대라 하며 러시아의 모태가 된다.

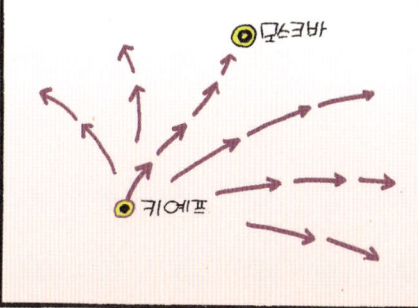

키예프루스의 블라디미르 1세는 988년 세례를 받고, 그리스 정교를 받아들이는데, 이것이 발전해 러시아 정교가 되었다.

1019~1054년은 키예프루스의 전성시대. 영토를 계속 확대하여 동으로는 우랄 산맥을 넘고 남으로는 루마니아까지 진출하는데

이때부터 비로소 본격적인 러시아의 역사가 시작되는 것이다.

러시아가 유럽의 강대국으로 부상할 수 있었던 것은 계몽 군주 표트르 대제(1682~1725) 때였다.

이제 북방의 최강자는 우리 러시아다!

그는 서유럽의 앞선 학문과 기술, 제도를 도입하여 러시아를 근대화시켰으며 상트페테르부르크를 수도로 삼아 절대 왕권을 수립했다.

프랑스, 영국을 배워라!

프로이센의 학문을 배워라!

그의 공적 덕분에 유럽의 강국 중 하나로 등장한 러시아는 여제 예카테리나 2세 때에 이르러 외교적으로도 막강한 힘을 발휘했고

앞선 프랑스 문화를 받아들여 러시아 문화의 르네상스 시대를 열었다.

그 후 나폴레옹이 러시아를 침공하였으나 끝내 실패로 끝나고 말았다(1812~1814).

러시아의 겨울을 너무 몰랐다!

하지만 그가 북방의 얼어붙은 전제 국가 러시아에 몰고 온 자유, 평등, 박애라는 반전제주의적 저항은 러시아 국민들에게 새로운 눈을 뜨게 하였다.

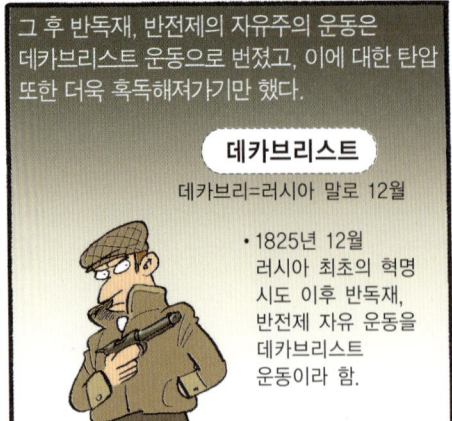

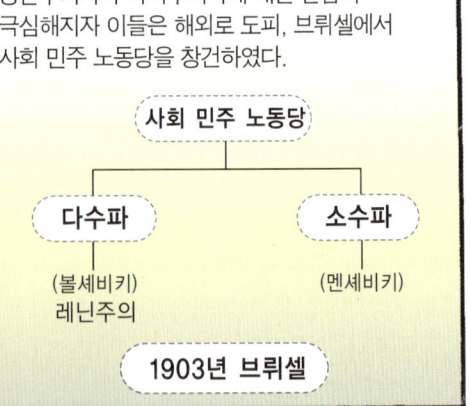

1905년, 일본과의 전쟁에 진 러시아는 대환란에 휩싸였다. 패전에 분노하고 굶주림에 지친 민중은 황제에게 자비를 호소하러 궁전으로 몰려갔으나

주여, 황제에게 축복을!

군대가 무차별 발포를 감행하여 엄청난 사상자가 발생하였으니, 이것이 제1차 혁명이자 이른바 '피의 일요일' 사건이다.

타타타타탕

우리의 황제가 백성에게 총을?

1914년, 제1차 세계 대전이 터지자 러시아는 도이칠란트에 선전 포고하고 전쟁에 돌입했다.

전쟁이다~!

백성이 다 굶어 죽을 판에 외국과 전쟁이라니!

그러나 1917년 전쟁에 지친 시민들의 봉기로 혁명이 일어났고, 그로 말미암아 니콜라스 2세가 퇴위하고 케렌스키 수상은 공화국을 선포하였다(9월 14일).

알렉산드르 표도로비치 케렌스키 1881~1970

황제를 폐하고 공화국 임시 정부를 수립한다.

11월 4일, 레닌의 지휘 아래 공산당이 주도한 10월 혁명이 발발, 러시아는 공산화되었고 이듬해 차르 가족은 총살되었다.

귀족, 자본가 (부르주아)

농민, 노동자 (프롤레타리아)

1922년, 러시아는 소비에트 사회주의 공화국 연방, 즉 소련이라는 인류 역사상 최초의 공산 국가로 재탄생하였다.

소비에트 사회주의 공화국 연방

15개 공화국 가입
- 소비에트(Soviet) 프롤레타리아 독재 정권의 권력 기관 러시아어로 평의회 대표자 회의를 뜻함.

1924년, 레닌이 사망하자 스탈린이 집권하면서 소련은 일찍이 겪어보지 못한 대대적인 피의 숙청과 공포 정치 시대로 접어든다.

스탈린주의
- 개인 우상화
- 공포, 억압 정치
- 비밀경찰

그는 소련 내의 모든 이질적인 문화를 파괴하여 공산주의 소련이라는 동질성 단일 민족을 만들려는 무모한 계획을 추진하였다.

"민족 문화는 반동이다."

"모든 소련 인민은 사회주의로 무장된 소련 민족이란 단일 민족으로 거듭나야 한다."

그리하여 수천만을 반동이란 이름으로 살상하고 수많은 민족을 집단 이주시켰다.

"조선족은 소련보다 일본에 더 가까운 정서를 가진 민족이다. 일본과 전쟁할 때 일본 측에 협조하는 걸 막고"

"소련 인민들은 민족의 차이를 극복, 혼합해야…"

1939년, 스탈린은 히틀러와 불가침 조약을 맺었으나 히틀러는 결국 소련 침공을 감행했고 (1941~1945)

"대조국 전쟁!"

도이칠란트를 쓰러뜨린 소련은 제2차 세계대전 이후 미국과 더불어 초강대국으로 세계 질서를 재편하였다.

그러나 스탈린은 죽은 지(1953) 3년 만에 그의 후계자 흐루쇼프에 의해 '범죄자'로 규정된다.

"그는 살인자이자 역사의 대죄인이다. 세계를 전쟁의 공포에 몰아넣었고…"

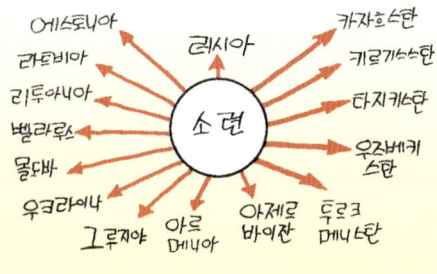

현대사에서 잊혔던 유럽의 배꼽
발트 3국
Estonia · Latvia · Lithuania

프랑스의 지리학자들은 1980년대 유럽 대륙을 정밀 측정한 결과

유럽 대륙의 배꼽은 어디인가?

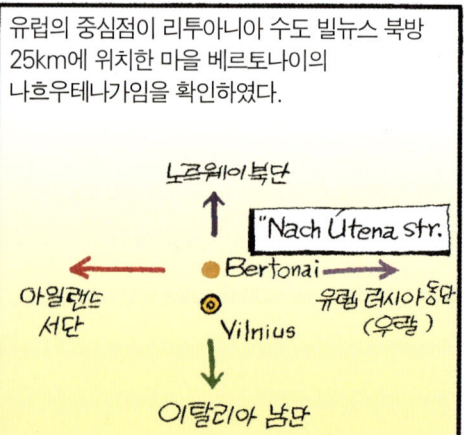

유럽의 중심점이 리투아니아 수도 빌뉴스 북방 25km에 위치한 마을 베르토나이의 나흐우테나가임을 확인하였다.

유럽의 배꼽 리투아니아를 비롯, 에스토니아, 라트비아의 이른바 발트 3국.

발트 해 연안의 세 나라는 우리나라는 물론 유럽인들에게도 20세기에 철저히 잊혔던 미지의 땅(Terrainita)이었다.

그러나 이 세 나라는 엄연히 민족, 언어, 역사, 문화를 달리하는 독자적인 민족 국가들이다.

다만 동서남북으로 강한 이웃(?) 민족에 둘러싸인 지정학적 위치로 인하여 침략, 합병, 저항, 좌절이라는 슬픈 역사를 반복했다는 공통점을 가질 뿐이다.

이 지방에 고유 민족이 정착한 것은 기원전 3000~2000년경으로

게르만족, 노르만족, 슬라브족 등 이민족의 끊임없는 침략과 지배에 시달려야 했다.

민족·언어적으로는 에스토니아어가 핀란드어에 가깝고, 거의 모든 에스토니아인이 핀란드 말을 이해하고 말할 수 있지만

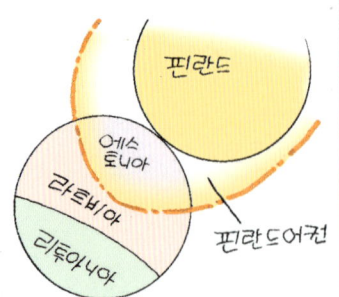

에스토니아는 역사적으로 라트비아와 중세기부터 역사적 운명을 공유했으며, 개신교 중심이라는 면도 닮았다.

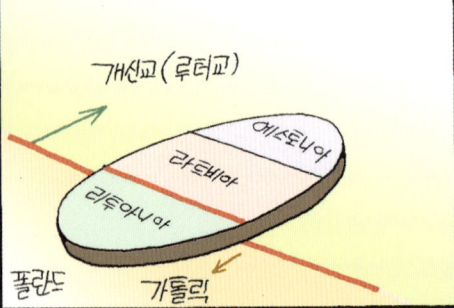

반면에 리투아니아와 라트비아는 민족, 언어에서 유사한 점이 많아도, 이제 두 나라 사람들의 언어는 통역 없이는 소통이 어렵다.

또 리투아니아는 라트비아와 달리 로마 가톨릭교 중심이며, 에스토니아는 유럽에서 가장 마지막으로 개신교를 받아들인 나라다.

소설가 헤밍웨이가 지적했듯이 에스토니아인들은 세계에서 가장 노래 부르기를 즐기는 민족이며

그들의 노래나 문학에서 즐겨 다루는 주제는 거의 모두가 험한 바다를 항해하는 용감한 뱃사람들의 전설과 모험이다.

1980년 22회 모스크바 올림픽에서 요트경기가 에스토니아 수도 탈린항에서 열린 것은 결코 우연이 아니다.

발트 3국에서 가운데 자리 잡은 라트비아는 아름다운 자연과 도시를 자랑하는 나라다.

수도 리가는 북방의 슬라브 민족 지역에서 가장 아름답다는 상트페테르부르크(제정 러시아 수도)를 능가한다고도 하며

'작은 파리', '북방의 베니스'란 애칭을 가진 도시이기도 하다.

한편 리투아니아는 '십자가의 나라'라는 말처럼 영웅, 성자, 순교자가 많이 나온 나라다.

또 '발트 해의 로마인'이란 별명처럼 진취적이고 용맹스런 면을 지니고 있어서

공격!

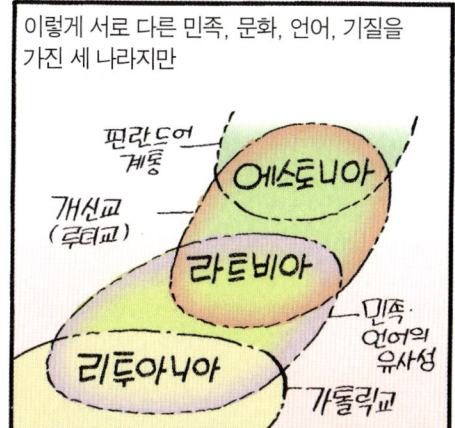

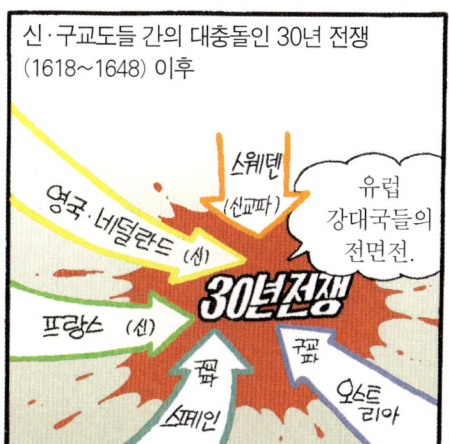

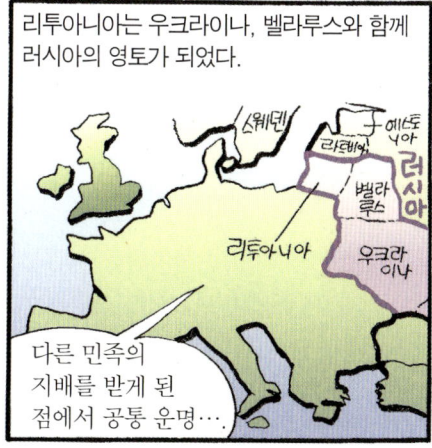

끈질기게 저항 운동이 일어났으나 언제나 실패로 끝났다는 운명 또한 같다.

1917년, 러시아에 공산혁명이 일어나 국내 사정이 어지러워진 것은 이들 발트 3국에게는 다시 없는 기회였다.

발트 3국은 모두 독립을 선언하고 러시아로부터 떨어져 나왔으나

- 1917 에스토니아 공화국 수립, 독립 선언
- 1918 라트비아 독립 선언
- 1918 리투아니아 독립 선언

공산당 세력, 보수 세력, 농민 세력 등 복잡한 이념 집단들의 정권 쟁탈 투쟁으로

국내 사정은 극히 혼란하여 정권 교체가 잦은 불안이 계속되었고

그 틈새를 타 극우 파시스트들이 점점 세력을 키워가기 시작했다.

히틀러, 무솔리니의 집권이라는 파시스트의 광풍이 휘몰아치자

발트 3국에도 파시스트들이 쿠데타로 집권하여 반소·친독 독재 정권이 들어서게 된다.

1940년, 소련에 인접하였던 에스토니아와 라트비아에서는 소련의 지원을 받은 공산당이 선거에 승리, 소련에 가입하였고

같은 해 리투아니아는 히틀러-스탈린의 조약에 의해 강제로 소련에 합병됨으로써

발트 3국은 소련의 일부분이 되었던 것이다.

폴란드 침공과 함께 제2차 세계 대전이 터지자, 나치 도이칠란트는 소련 침공의 길목인 발트 3국을 점령하였다.

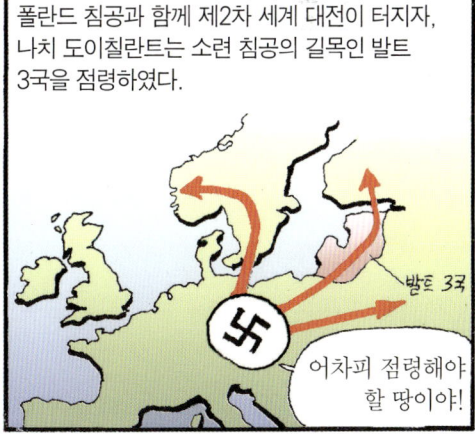

이민족들의 말발굽에 짓밟힌 역사
우크라이나 · 벨라루스 · 몰도바
Ukraina · Belarus · Moldova

우크라이나란 이름은 '변방·국경 지대'란 의미인 크라이(Krai)에서 비롯된다.

크라이 출신이라고?
깡촌 친구로군.
네, 카이사르님!

유럽 대륙의 맨 동쪽의 변방이자 아시아가 끝나는 서쪽의 변방 우크라이나.

그러나 세계 최대의 국가인 러시아의 역사가 시작한 곳이자 동슬라브인의 첫 국가인 키예프루스가 세워진 곳도 바로 그곳이다.

우크라이나를 꿰고 흐르는 드네프르 강가에 세워진 키예프는 러시아 역사의 첫 페이지를 여는 도시이기도 하다.

우크라이나를 비롯, 벨라루스(백러시아), 몰도바의 세 나라는

유럽과 아시아 대륙의 민족이 넘나들 때 어차피 거치지 않을 수 없는 한복판에 자리 잡고 있었으므로

게르만족, 슬라브족, 훈족, 몽골족 등 이루 헤아릴 수 없는 많은 민족들의 말발굽 아래 짓밟히고 침략을 당했다.

그러나 밟히면 밟힐수록 더욱 강해지는 잡초처럼 우크라이나의 민족혼은 결코 시들지 않았다.

· **벨라루스** (백러시아)

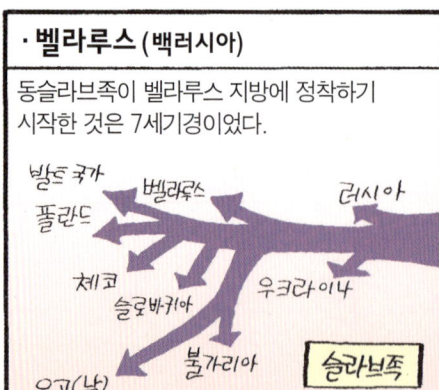

· 몰도바

몰도바라는 나라가 존재한다는 사실을 아는 사람이 그리 흔치 않을 정도로 이 나라는 우리에게 아주 생소하다.

루마니아 동북부 베사라비아 지방에 위치한 이 지역은 루마니아계 몰도바인이 주민의 3분의 2를 차지하는 나라로

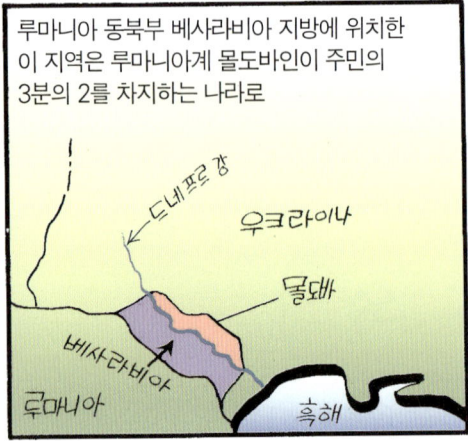

이웃인 우크라이나, 루마니아 사이에 끼어 있는 위치 탓으로 두 나라는 물론

헝가리·리투아니아의 지배, 그리고 300년에 걸쳐 오스만 제국의 지배를 받는 등 끊임없는 이민족 침략의 역사로 얼룩져 있다.

오스만 제국의 세력이 물러간 1812년, 몰도바는 러시아에 합병되었다가

복잡한 발칸 반도의 정세 변화에 따라 마치 축구공처럼 러시아와 루마니아에 번갈아가며 합병되는 비극의 길을 걸었다.

| 러시아 혁명 뒤 1922년 12월, 소비에트 연방이 창건되면서 루마니아에 귀속되어 있던 몰도바는 | 루마니아의 소유권을 인정하지 않는 소련의 지원 아래 1924년, 몰도바 자치 소비에트 공화국을 건설하여 공산화되었지만  |

| 명목상으로나마 유지하고 있던 몰도바의 자치권은 1939년 히틀러-스탈린이 맺은 불가침조약의 대가로 소련에게 양도되면서 사라지고 말았다. | 게다가 1941년부터 1944년까지의 나치 점령 기간 동안 10여만 명의 몰도바인이 사망하거나 도이칠란트로 끌려가는 비운을 겪어야 했다.  |

| 1944년, 도이칠란트군이 물러간 뒤 다시 소련의 공화국으로 복귀하였고  | 드디어 1991년, 기나긴 수난의 역사를 지닌 신생국가인 몰도바 공화국으로 독립하였다.  |

우크라이나·벨라루스·몰도바

짓밟히고 찢긴 역사, 그래도 다시 일어나는 민족
폴란드
Poland

우리가 살아 있는 한
폴란드는 사라지지 않으리.
외적이 조국을 짓밟을지라도
우리는 칼로써 되찾으리라.
앞으로, 앞으로, 동브로프스키(개혁 지도자)
이탈리아에서 폴란드로
너의 영도 아래
조국의 이름으로 단결하리라!

-1797년부터 불려진 폴란드 국가-

유럽 대륙의 역사에서 폴란드처럼 나라 이름이 아예 사라졌다가 다시 등장하는 국가는 없다.

기원후 2,000년이 흐르는 동안 폴란드라는 국가가 역사에 떠오르는 것은 불과 500여 년 전. 그만큼 그 역사는 굴욕과 좌절, 그리고 눈물, 저항, 투쟁 등으로 얼룩져 있다.

국토 4분의 3이 해발 200m 이하의 대평원이어서 이민족이 말발굽으로 짓밟기 쉬웠던 까닭일까?

도이칠란트, 러시아, 오스트리아란 강한 외적을 동, 서, 남쪽에 이웃하고 있기 때문일까?

폴란드는 항상 외적의 침입에 정복되고, 약탈당하고 아예 나라마저 빼앗기는 비극의 역사를 숙명처럼 반복해야만 했다.

3국(도이칠란트, 오스트리아, 러시아)에 의한 분할 등으로 150년 가까이 폴란드란 국가 이름은 지도에서 아예 사라져버리기도 하고

히틀러는 이 나라를 침공하여 제2차 세계 대전의 신호탄을 올렸으며

아우슈비츠 수용소란 인류 역사에서 찾아볼 수 없는 인종 대학살의 비극이 벌어진 곳도 이 땅이었다.

히틀러 군대가 물러가기 무섭게 들이닥친 소련의 붉은 군대는 이 나라를 또다시 위성국이라는 종속 관계로 억압시켰다.

그러나 폴란드인들은 공산 국가에서는 처음으로 자유 노조라는 저항 운동을 시작했으며

끝내는 공산 정권이라는 무쇠 같은 둑을 터뜨리고 동구권 대개혁을 이끌어낸 선구자 역할을 했다.

이는 전체 역사에 흘러내리는 이민족에 대한 끈질긴 저항 정신, 밟을수록 더욱 강해지는 잡초 같은 강인한 민족정신과 슬픈 조국에 대한 처절한 애국심

비운의 조국과 민족,

이대로 끝날 수는 없다! 싸워서 이겨야 한다!

그리고 모든 폴란드 국민을 정신적으로 하나로 묶어준 가톨릭교라는 종교적인 공동체 정신의 승리가 아니었을까?

요한 바오로 2세 전 교황이

폴란드인이란 게 우연이 아니다!

이들의 투쟁·저항 정신은 그들의 국가에서도 잘 나타난다.

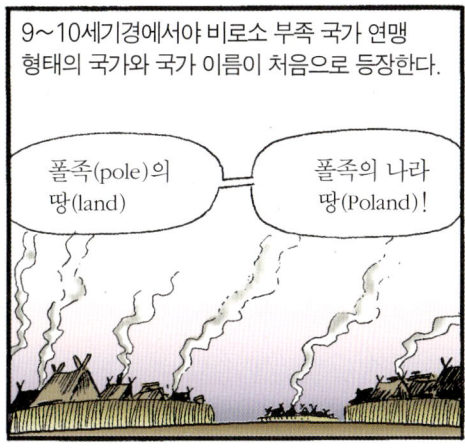

그 후 폴란드는 정치·경제적인 발전을 거듭하여 도이칠란트의 침략을 훌륭히 막아냈고

1410년 유명한 그룬발트(타넨베르크) 전투에서 도이칠란트군을 궤멸하여 유럽 강대국의 하나로 자리매김하게 된다.

카시미르 4세(1447~1492) 재위 시의 폴란드는 중앙 유럽 최대 강국으로 성장하였다.

16세기에는 북으로는 발트 해, 남으로는 흑해에 이르는 방대한 영토를 지배하였으나

사방에서 압박해 오는 외적과의 오랜 전쟁으로

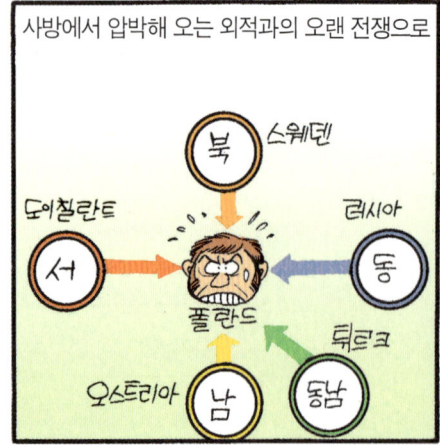

폴란드는 서서히 국력을 쇠진, 신흥 강대국들의 먹이로 전락하고 만다.

허약해질 대로 허약해진 폴란드를 주변 3대 강국이 멋대로 분할하여 자신의 영토로 합병해버리는데

이것이 1795년의 폴란드분할이다.

이후 1918년 제1차 세계 대전이 끝날 때까지 폴란드라는 나라는 120년간 유럽 지도에서 사라지고 말았다.

나폴레옹은 적국(도이칠란트, 러시아, 오스트리아)의 세력을 견제하기 위하여

1807년, 폴란드의 옛 영토에 폴란드 공국이라는 괴뢰 국가를 세우지만

이것도 잠시, 나폴레옹의 몰락과 함께 역사는 다시 폴란드란 이름을 기록에서 지워버려 8년간의 불완전한 해방에 그치고 말았다(1815년).

폴란드는 제1차 세계 대전이 끝나고 베르사유 조약에 의해 독립되었다(1918). 도이칠란트와 오스트리아는 패전국이어서

이제 폴란드 땅 뱉어내!

그리고 볼셰비키 혁명으로 국내 문제에 정신이 없던 러시아는 승전국 대열에 끼지 못하여 폴란드의 합병 지역을 내놓을 수밖에 없었다.

가져가라, 가져가! 내 코가 석 자나 빠졌는데…

그러나 폴란드의 독립도 20년으로 끝나고 말았다.

폴란드 독립을 인정한 베르사유 조약은 무효다!

도이칠란트의 정권을 장악한 히틀러는 과거 100여 년의 역사를 들먹이며 폴란드의 소유권을 주장했고

1795년부터 123년간 우리의 영토였고, 지금도 당연히 우리 영토다!

저… 저런 순 억지!

1939년, 전격적으로 폴란드를 침공함으로써 제2차 세계 대전의 막은 올랐던 것이다.

말로 안 되면 힘으로!

이제 폴란드는 또다시 역사에서 사라져 이민족의 잔혹한 통치를 받게 되었다.

폴란드 침공 직전, 히틀러는 스탈린과 비밀 협정을 맺어 폴란드를 나누어 합병키로 약속했다.

즉, 동쪽은 소련, 서쪽은 도이칠란트가 분할 통치키로 했다.

나치 통치 기간에 가장 잔혹한 강제 수용소, 유대인 학살 등 인류 역사에 보기 드문 대량 살상을 폴란드 민중은 당해야 했다.

1945년, 전쟁이 끝남과 동시에 폴란드는 독립을 되찾았다.

그러나 그 기쁨도 잠시, 새로운 압제자 소련의 강요에 의해 공산 위성국가로 전락되었고

1952년, 전쟁으로 공산당 1당 독재에 의한 폴란드 인민 공화국이 수립되었다.

소련에 고르바초프에 의한 페레스트로이카(개혁), 글라스노스트(개방) 바람이 부는 것을 계기로 투쟁은 더욱 격렬해져갔고

드디어 1989년, 공산당 정권을 무너뜨리고 자유 선거를 통해 바웬사를 대통령으로 하는 새 민주 정권 수립에 성공하였다.

조국을 잃고 슬픔에 잠긴 폴란드, 그 조국의 흙 한 줌을 소중히 안고 프랑스로 떠나던 프레데리크 쇼팽의 한(恨).

자유로운 땅을 찾아 프랑스로 건너가 끝내는 조국에 노벨상의 영예를 안긴 퀴리 부부의 한(恨).

이젠 그 한은 사라지고 자유롭고 희망에 찬 새로운 폴란드가 태어나고 있다.

2004년 유럽 연합(EU)에 가입한 폴란드. 이제 한숨과 눈물의 역사를 덮고 대평원 위의 하늘처럼 푸른 미래를 약속하고 있다.

한 핏줄을 나눈 형제의 행복한 이별
체코·슬로바키아
Czech · Slovakia

지도를 보면 체코·슬로바키아의 지형은 단도처럼 도이칠란트의 옆구리를 찌르고 있으며

또 중앙 유럽에서 위세를 떨치던 오스트리아와, 민족이 전혀 다른 폴란드, 그리고 마자르족의 나라 헝가리에 둘러싸여 있다.

그래서 체코·슬로바키아의 역사는 강대국의 틈바구니에서 끊임없는 침략에 시달려야 했던 눈물과 한숨의 역사이기도 한 것이다.

그 시련 속에서도 끝내 독립과 자유를 되찾는 것은 바로 그들의 굽힐 줄 모르는 민족정신 때문인지도 모른다.

애수와 낭만이 깃든 '보헤미안'을 아는가? 그 보헤미아가 바로 체코인 것이다.

오늘의 체코·슬로바키아 지방의 역사는 4~7세기경 슬라브 민족이 이주해 오면서 시작된다.

서슬라브족의 일파인 체코족은 보헤미아·모라비아 지방에, 슬로바키아족은 오늘의 슬로바키아 지방에 정착하는데

체코족과 슬로바키아족은 그래서 한 핏줄을 나눈 형제 민족인 셈이다.

이들은 서기 833년 대모라비아 왕국을 건설, 한때 크게 번창했으나

906년 이웃 헝가리 마자르족의 침공을 받아 슬로바키아 지방이 점령되기도 했다.

체코가 헝가리의 침략을 물리치고 독자적인 역사를 일구어 나간 데 비해, 슬로바키아는 1,000년간이나 헝가리의 지배를 받는 서로 다른 길을 걷게 된다.

체코는 남쪽으로는 헝가리, 서쪽으로는 도이칠란트의 끊임없는 침략을 받았지만 줄기찬 투쟁으로 1204년에는 끝내 독립 왕국으로 인정받았다.

14세기에 들어서 카를 4세 치하의 체코는 최고의 전성기를 맞는데,

화려하고 웅장한 수많은 건축물은 당시 체코의 번영을 과시하고 있으며, 수도 프라하의 상징인 '카를교'도 그의 이름을 딴 것이다.

카를 4세는 1346년 도이칠란트·오스트리아의 황제이자 신성 로마 제국의 황제로서 중앙 유럽의 맹주로 떠올랐으며,

1355년, 알프스 이북 유럽에 최초의 대학을 설립한 문화의 대왕이기도 했다.

그러나 카를 4세 이후 체코·슬로바키아는 이민족의 침략과 지배 아래 신음하게 된다.

15세기 들어 오스만 제국의 침략은 그리스도교도들이 연합하여 물리치는 데 성공했지만

무려 500년간에 걸쳐 오스트리아 합스부르크 왕가의 지배를 받는다.

체코인의 합스부르크가에 대한 저항 정신은 최초의 종교 개혁가라고 불리는 요하네스 후스(Johannes Huss, 1369~1415)로 상징된다.

그는 부패한 가톨릭에 저항하여 종교의 개혁을 주장하다 화형당하는데, 이는 마르틴 루터보다 거의 한 세기나 앞서는 것이었다.

합스부르크가와 부패한 가톨릭에 대한 저항 정신은 보헤미아(체코)가 마르틴 루터의 종교 개혁을 가장 먼저 지지하고 개신교로 돌아서는 데 결정적인 영향을 미쳤다.

그리고 그러한 저항 정신은 끝내는 신교도를 탄압하려는 가톨릭계 영주를 창밖으로 집어던져 죽인 '프라하 창문 투척 사건'으로 이어져

유럽의 역사를 크게 뒤바꾼 30년 전쟁이 터지게 되는 계기가 되었다.

30년 전쟁은 유럽에 종교의 자유가 인정되고 종교로 인한 전쟁이 마감되는 중요한 사건으로 그 발원지가 바로 프라하였던 것이다.

그러나 체코·슬로바키아는 워낙 강대했던 오스트리아 세력에서 벗어나지 못하고 1918년까지 그 지배를 받는다.

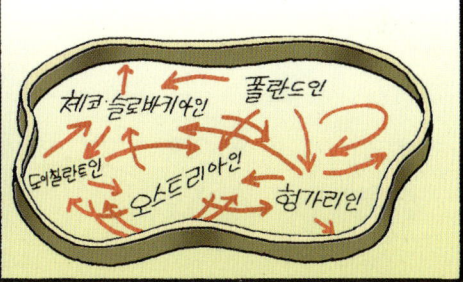

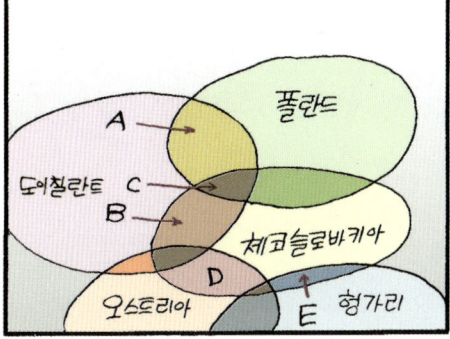

1938년에는 영국, 프랑스, 도이칠란트, 이탈리아 4국 정상이 맺은 뮌헨 조약에 의해

도이칠란트에 수데텐란트를 할양하는 것을 비롯, 폴란드 헝가리에도 영토를 빼앗겨 체코슬로바키아의 영토와 인구는 3분의 1로 줄어드는 비극을 겪었다.

그러나 이것도 며칠 뒤엔 전 국토가 히틀러의 나치 도이칠란트에 합병되어 체코슬로바키아는 또다시 세계 지도에서 사라지고 말았다.

히틀러 점령 시, 체코슬로바키아는 줄기차게 지하 저항 운동을 벌였고

망명 정부는 1943년 소련과 동맹하여 나치와 싸웠다.

1945년, 마침내 나치의 패망으로 체코슬로바키아는 해방되었다.

그리고 그해 치른 선거에서 40%의 득표를 한 공산당이 제1정당으로 떠올랐는데,

공산 정권을 수립하려면 40% 가지고는 안 돼. 판을 엎어야지···.

스탈린

체코 슬로바키아 공산당 40% 득표

2년 뒤인 1947년, 무혈 쿠데타로 공산당이 집권하여 기타 정당을 해산한 뒤 공산당 독재 정권을 수립하였다.

우익 세력
민주화 세력
정권

이제 체코슬로바키아는 소련의 위성 국가이자 사회주의 공화국이 된 것이다(1960).

ČESCÁ
체코 슬로바키아 사회주의 인민 공화국

그러나 자유와 민주주의에 대한 체코인들의 염원은 곧 공산 독재에 대한 저항의 횃불을 밝혔다.

말로만 허울 좋은 독립 국가지···
하나부터 열까지 소련의 간섭과 지령대로 움직이는 꼭두각시 정권이니···
우리는 언제나 우리 마음대로 자유를 누려보나···

1968년, 공산주의에서 이탈하여 자유주의를 지향하는 둡체크가 정권을 잡자

우리는 더 이상 소련이란 종주국의 눈치만 살피는 괴뢰 공산 국가여서는 안 됩니다. 서방 자본주의 국가와의 관계도 개선하고 독자적 발전을 꾀하는···

소련의 노선을 이탈한 자유 개혁의 물결이 동유럽에 번져 나가기 시작하였다.

소련은 물러가라!
자유를 달라!
공산당 독재 철폐하라!

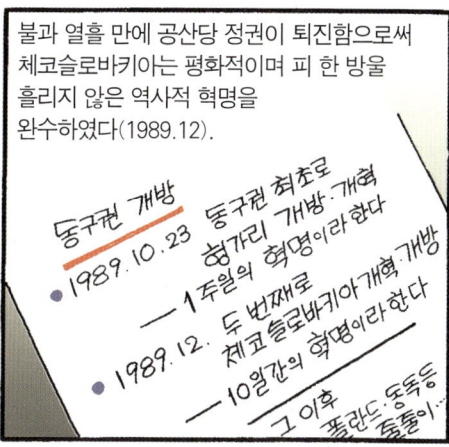

동·서양이 만나는 마자르의 땅
헝가리
Hungary

미국의 저명한 여행가 로버트 에드윈 피어리는 이렇게 기록하고 있다.

동양에서 서양으로 여행하는 이는 부다페스트에 이르러 처음으로 서유럽을 느끼게 되고

야, 이제 서양이군!

마자르족은 원래 우랄 산맥 동쪽에 살던 아시아계 유목·기마 민족이다.

언어도 주변 국가와 전혀 다른 아시아계 언어로, 핀란드·바스크 지방의 아시아계가 많이 쓰는 언어와 닮아 있고, 우리나라 말과도 비슷하다는 주장이 있다.

이들이 추장 아르파드의 뒤를 따라 지금의 헝가리 지방(옛 판노니아 지방)에 정착한 것이 896년.

그의 손자 이슈트반 1세(재위 : 997~1038)가 헝가리의 첫 왕으로 즉위하고,

헝가리 시조

그리스도교를 받아들임으로써 마자르족은 빠르게 이웃 나라들처럼 유럽화되면서

주변에 세력을 뻗어 나가기 시작한다.

1241년부터 1242년까지 헝가리를 침공한 몽골군은

풀 한 포기 남겨놓지 않을 정도로 전 국토를 완전히 폐허로 만든 뒤 말머리를 동쪽으로 되돌렸고, 헝가리는 잿더미에서 모든 것을 새로 시작할 수밖에 없었다.

15세기 들어 지금도 모든 헝가리인들에게 국가 재건의 성군이자 신처럼 존경받는 마티아스 후녀디(재위: 1458~1490) 대왕은

경제, 문화 등 헝가리를 튼튼한 기반 위로 올려놓은 르네상스 군주였다.

그의 시대, 헝가리는 중앙 유럽 최대 강국으로 떠올랐다.

그러나 헝가리 전성시대도 잠깐, 동쪽에서 밀려온 오스만 제국의 세력은 또 다른 암흑의 폭풍이었는데….

죽음을 무릅쓴 항전에도 불구하고 1526년 모하치 전투에서 헝가리군은 궤멸당하고

150여 년에 걸친 오스만 제국의 포악한 점령 시대를 겪게 된다.

그 후 오스트리아의 합스부르크 왕가는 수도 빈 바로 앞에서 오스만 제국의 대군을 섬멸시키는 데 성공함으로써

그리스도교의 보호자이자 유럽의 방파제로서 중앙 유럽에 절대적인 영향력을 행사하는 강자로 군림하였다.

그러나 헝가리는 자기 영토를 전장으로 삼아 튀르크 대군과 밀고 밀리는 전투를 거듭하던 끝에,

헝가리의 서북부는 오스트리아가, 동남부 트란실바니아 지역은 튀르크에 의해 분할 지배되는 비극을 맞는다.

'이민족'의 침공과 점령은 마자르인들의 독립혼을 일깨워 17세기부터 격렬한 독립 투쟁이 시작되었으나

튀르크군을 몰아낸 오스트리아는 헝가리 전체를 점령하고 경제, 문화, 종교 등 모든 면에 가혹한 탄압을 가하였다.

이에 대항하여 라코치 페렌츠 2세의 지도 아래 대규모 헝가리 민족 반란이 일어났지만 (1703~1711)

강력한 오스트리아 군대의 총칼에 무참히 짓밟히고 합스부르크 왕가의 지배 체제는 오히려 더 강화되었다.

나폴레옹 전쟁 이후 민족주의 열풍이 불던 19세기 중엽, 헝가리는 또다시 독립 전쟁을 일으킨다(1848~1849).

이 전쟁은 마자르족 독립 투쟁의 절정으로, 오스트리아는 이 전쟁을 통해 강압에 의한 헝가리 지배가 불가능하다는 사실을 깨닫게 되었다.

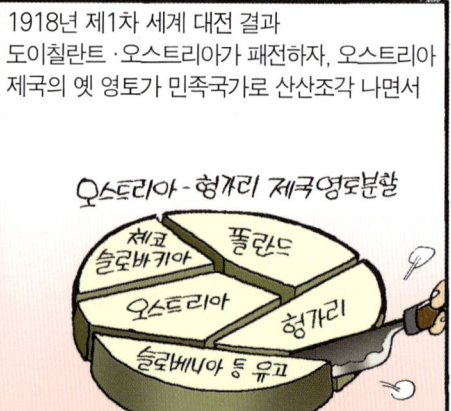

어느 민족보다도 독립심과 압제에 대한 저항 정신이 강한 마자르 민족의 후예 헝가리 시민들.

그들에게 씌워진 공산주의의 굴레와 독재, 그리고 소련의 지배 간섭은 도저히 견딜 수 없는 굴욕이자 고통….

1956년 10월 23일에 부다페스트를 비롯, 헝가리 전국에서 터진 반공·반소 시민 봉기는 공산 위성국에서 일어난 첫 봉기로 세계를 놀라게 했다.

그러나 붉은 군대 탱크를 앞세운 소련의 무자비한 탄압으로 수만 명의 시민이 고귀한 목숨을 잃은 채

11월 4일, 약 2주간에 걸친 시민 봉기는 눈물을 머금고 깃발을 접어야 했고, 20여만 명이 해외 망명의 길을 떠나야 했다.

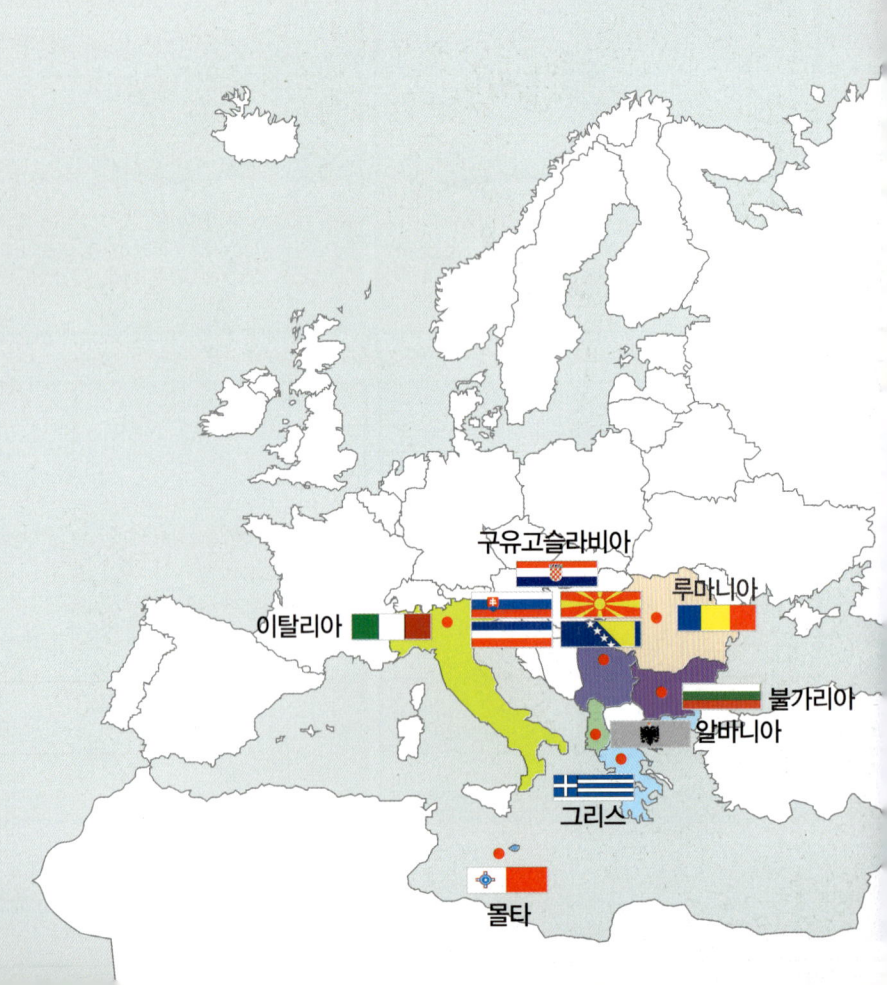

{ 남부 유럽 }

세계를 하나로, 나라는 둘로
이탈리아·몰타
Italy · Malta

오늘의 세계 문명을 기본 포맷한 고대 로마!

그러나 심각한 오늘의 남북 갈등!

이탈리아 역사는 길고도 다양하다.

이 적은 지면으로 우리 역사를 담겠다고? 웃긴다, 웃겨!

그런데 고대 로마 역사는 누구나 잘 알면서도 그 뒤의 역사에 대해서는 아는 이가 별로 없는 것이 또 이탈리아 역사다.

수박 겉핥기라도 모르는 것보단 낫지 뭘?

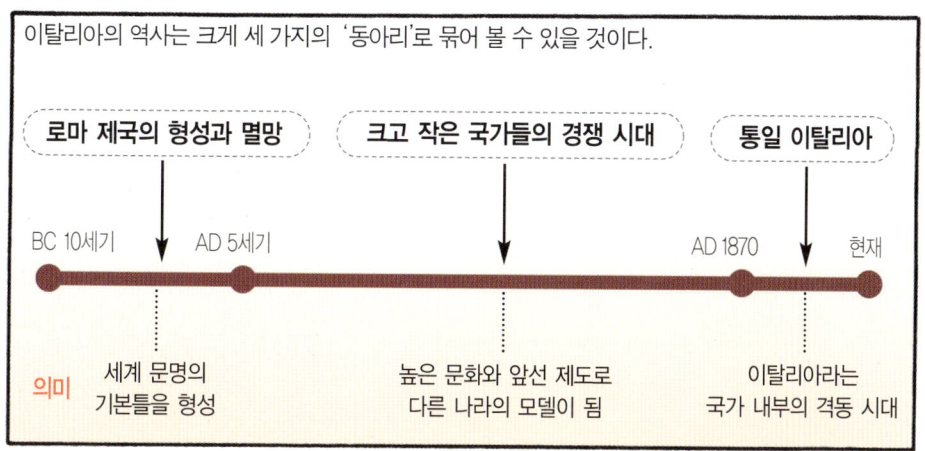

이탈리아의 역사는 크게 세 가지의 '동아리'로 묶어 볼 수 있을 것이다.

- 로마 제국의 형성과 멸망
- 크고 작은 국가들의 경쟁 시대
- 통일 이탈리아

BC 10세기 → AD 5세기 → AD 1870 → 현재

의미: 세계 문명의 기본틀을 형성 / 높은 문화와 앞선 제도로 다른 나라의 모델이 됨 / 이탈리아라는 국가 내부의 격동 시대

이탈리아 반도에 최초로 등장한 민족은 기원전 10세기경의 이탈리아인과

"우리 민족 이름은 나중에 이탈리아란 나라 이름이 되었죠!"

ITALIA족 주거지역

강력한 해양 민족이었던 에트루리아인들이었다.

에트루리아

남부의 에트루리아인들은 기원전 5세기경 그리스인들에게 축출되고, 이곳에 그리스인들은 식민지(Magna Grecia)를 건설하였으며

"얘들아, 좀 비켜!"

중북부의 에트루리아인들은 이탈리아계인 로마인에 의해 정복되었다.

"로마의 건설!"
"위로 차이고 아래로 치이고"
"하..항복"

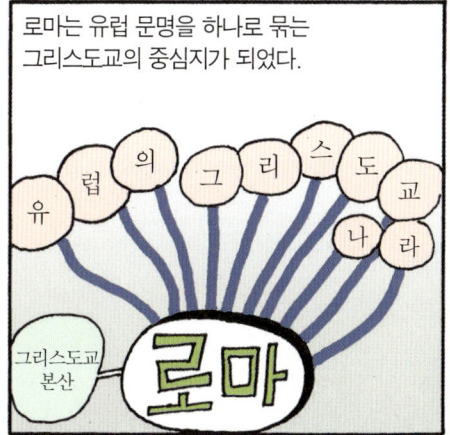

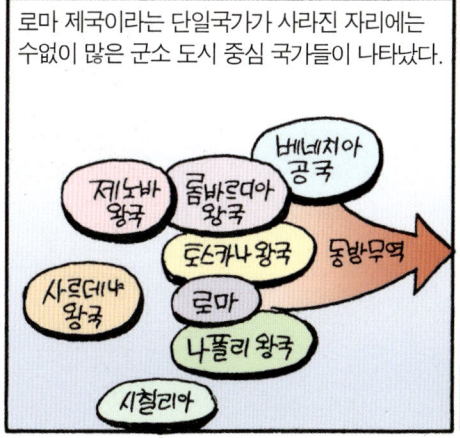

두 세력 간 충돌의 하이라이트는 나폴레옹의 이탈리아 원정이었다(1796~1797).

이탈리아 반도에서 합스부르크를 몰아내는 것이 바로 프랑스가 로마 제국의 정통성을 계승함을 확인하는 것이다!

오스트리아를 격파한 나폴레옹은 신성 로마 제국을 멸망시키고 이탈리아 대부분을 점령, 1805년 이탈리아 왕국을 선언하고 스스로 왕위에 올랐다.

내가 이탈리아 왕이다!

나폴레옹이 몰락하자 외세로부터 스스로를 지킬 수 있는 강력한 통일 이탈리아 건설이 절실하다는 각성이 일어, 독립·통일 운동이 활발해졌는데

통일 이탈리아 건설! 로마의 부활!

나폴레옹이 전파해준 자유·평등 사상을 바탕으로 한 국가 건설로 봉건 전제 군주 타도하자!

마치니(Giuseppe Mazzini)와 카보우르(Camillo Benso di Cavour)가 이끄는 '젊은 이탈리아(Giovine Italiana)'라는 과격 민주·민족주의 운동과

가리발디 장군(Giuseppe Garibaldi)이 이끄는 에마누엘레 2세(Emanuele II)를 왕으로 한 이탈리아 왕국 건설 운동이 정면 대결해

오늘도 이탈리아 건국의 아버지로 추앙받는 신화적 인물 가리발디에 의해 1870년 통일 이탈리아 왕국이 건설되었다.

이탈리아·몰타

제2차 세계 대전이 끝난 뒤, 이탈리아는 모든 해외 식민지를 잃었다. 파시스트에 협력했던 국왕은 국민 투표에 의해 영구 해외 추방되었고 왕정은 폐지되었으며

1948년, 새로운 민주 공화 헌법에 의해 오늘의 이탈리아 공화국이 탄생하게 된 것이다.

그 후 수많은 정당이 생겨나 정치 혼란이 가중되었으나

보수 우익 정당인 그리스도교 민주당 (DC:Democrazia Cristiana)이 최대 정당으로 밥 먹듯 바뀌는 내각에 항상 참여하고 있고

이탈리아 사회당(PCI)은 전 유럽에서 가장 강력한 공산당으로서

1970년대에는 독자 노선을 선언하며 소련과 결별, 이른바 유러코뮤니즘(유럽식 공산주의)의 주도적 역할을 했다.

1992년 총선에서는 보수 대연합을 표방한 베를루스코니(Silvio Berlusconi)가 DC, PCI를 꺾고 집권에 성공하여 수상이 되었으나

언론 재벌인 그는 권력을 개인 사업에 이용한다는 여론에 밀려 1994년 9월 사임하고 말았지만 2001~2006년, 2008년 5월에 재집권했다.

이탈리아 정당들은 고지식한 과거의 이념 대립 시대에서 벗어나 국민에게 친근한 이미지로 접근하려고 노력한다.

이미 1990년, 이탈리아 사회당(Partito Sozialistia Italiana:PSI)은 민주당으로

그리스도교 민주당(DC)은 보수적 냄새가 지나치다하여 1993년, 국민당으로 당명을 바꾸었다.

대로마 제국은 사라지지 않았다. 세계 무대에서 이탈리아인들은 선조들의 영광이 곧 영원히 사라지지 않는 바로 자신들의 영광임을 알고 역사를 창조해가고 있는 것이다.

이 성을 중심으로 섬 자체가 요새화되었고, 오늘의 몰타 공화국의 모체가 된다.

인종, 문화, 언어… 모든 것이 지리적 위치와 마찬가지로 뒤섞인 혼합의 세계 몰타.

이탈리아어, 그리스어, 아라비아어가 혼합된 몰타어처럼 몰타는 지중해 문화의 혼합판이지만

그래도 98%의 주민이 가톨릭 신자인 데서도 짐작할 수 있듯이 모든 면에서 이탈리아의 영향을 가장 크게 받고 있다.

1798년 이집트 원정에 나선 나폴레옹은 총 한 방 쏘지 않고 이 섬을 점령했지만

1815년, 나폴레옹과의 해전에서 승리한 영국에 전리품으로 넘겨지고 만다. 그 후 이 섬은 150년 이상 영국의 지배를 받는다.

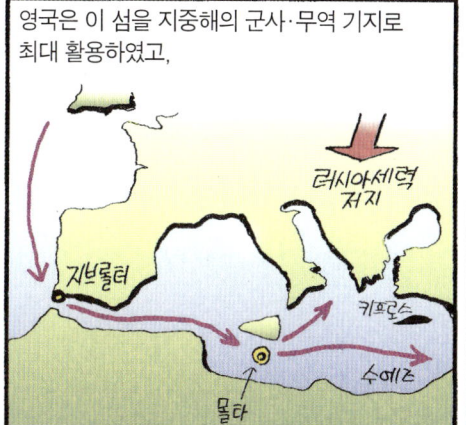
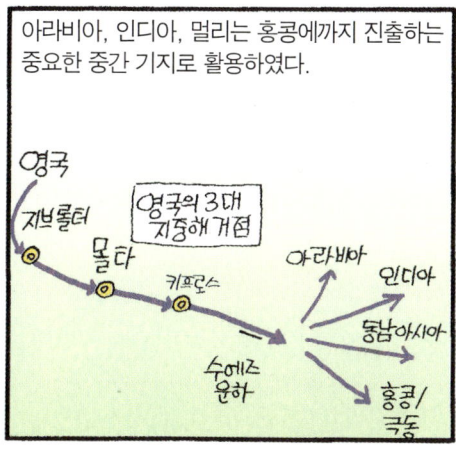

뒤엉킨 민족과 종교, 불타고 있는 발칸의 화약고
구유고슬라비아
Yugoslavia

유럽이 40여 개의 국가로 나누어져 있는 까닭은 그 모두가 민족 국가이기 때문이다.

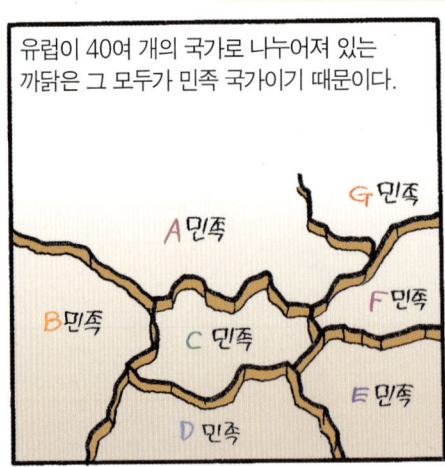

그 많은 나라 가운데 구유고슬라비아처럼 역사가 복잡하고 설명이 어려운 지방은 둘도 없다.

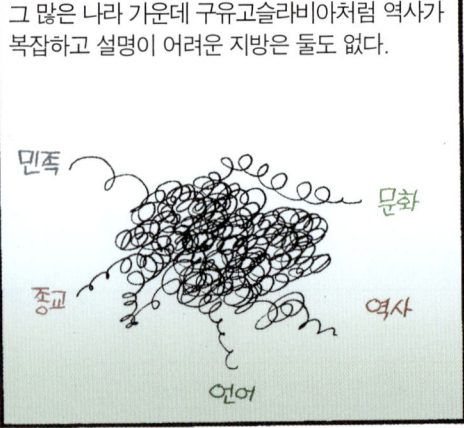

우선 구유고슬라비아를 구성하고 있던 5개 민족 국가의 구성과 문화, 민족을 살펴보자.

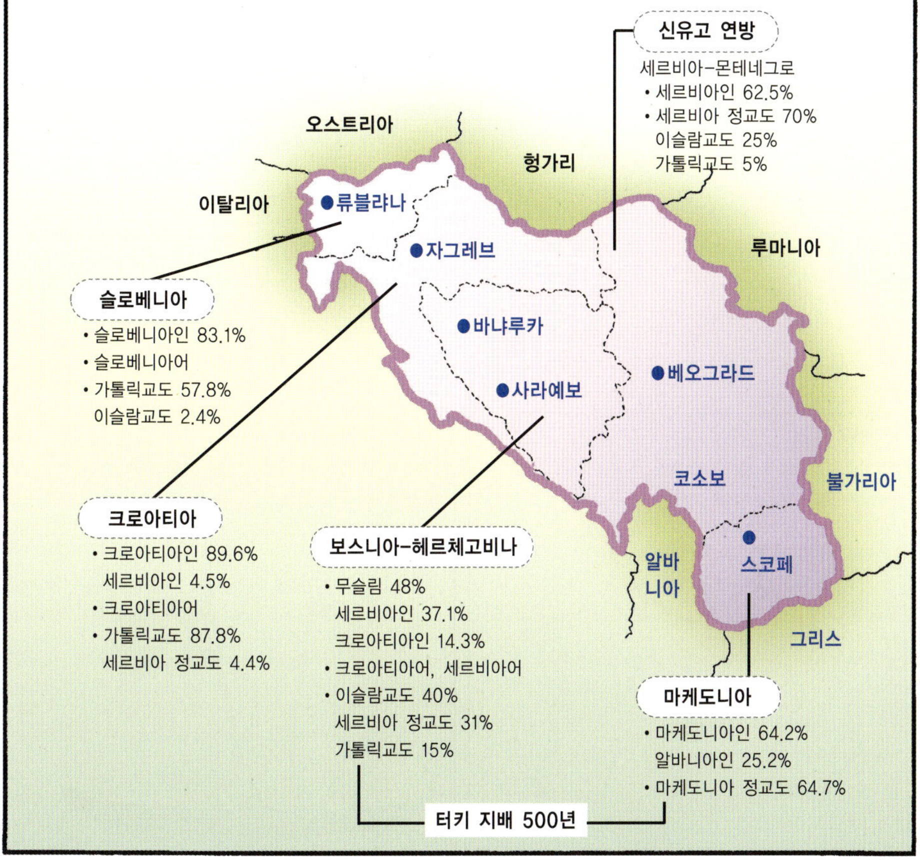

신유고 연방
세르비아-몬테네그로
- 세르비아인 62.5%
- 세르비아 정교도 70%
  이슬람교도 25%
  가톨릭교도 5%

오스트리아
헝가리
이탈리아
●류블랴나
●자그레브
루마니아

슬로베니아
- 슬로베니아인 83.1%
- 슬로베니아어
- 가톨릭교도 57.8%
  이슬람교도 2.4%

●바냐루카
●베오그라드
●사라예보

코소보
불가리아
알바니아
●스코페
그리스

크로아티아
- 크로아티아인 89.6%
  세르비아인 4.5%
- 크로아티아어
- 가톨릭교도 87.8%
  세르비아 정교도 4.4%

보스니아-헤르체고비나
- 무슬림 48%
  세르비아인 37.1%
  크로아티아인 14.3%
- 크로아티아어, 세르비아어
- 이슬람교도 40%
  세르비아 정교도 31%
  가톨릭교도 15%

마케도니아
- 마케도니아인 64.2%
  알바니아인 25.2%
- 마케도니아 정교도 64.7%

터키 지배 500년

'유고'란 슬라브 말로 '남쪽'이란 뜻이다. 그러므로 유고슬라비아란 남슬라브 민족의 땅이란 의미를 갖는다.

Yugo = South 남
slavia = 슬라브 민족의 나라
➡ 남슬라브 민족의 나라

이 지역은 6세기경 이주해 온 남슬라브 민족이 정착한 곳으로

저기서 한번 살아볼까?

구유고슬라비아

멸망한 서로마 제국의 영토였으며, 동로마 제국 (비잔틴 제국)의 영향권이었다는 공통된 역사를 지닌다.

슬로베니아와 크로아티아가 오스트리아와 헝가리의 지배를 받으며 그리스도교 문명권에 속하는 유럽적 역사를 지니는 데 반해

동쪽 지방은 14세기부터 오스만 튀르크에 정복되어 기독교와는 전혀 다른 종교와 문화권에 속하였다.

유고는 세르비아를 중심으로 줄기찬 저항과 독립 투쟁을 계속했고

혹독한 오스만 제국의 탄압에도 불구하고 그들의 종교를 지키며 동방 문화에의 융화를 끝내 거부해왔다.

오스트리아의 합스부르크 왕가 등 서방 세력과 오스만 제국의 동방 세력이 정면으로 충돌하는 발칸 반도.

끊임없는 외세의 침략과 지배의 사슬을 벗어던지려는 민족주의 세력의 저항과 투쟁은

이 지방을 평화가 깃들 날 없이 전쟁과 폭력의 소용돌이가 끊이지 않는 화약고로 만들어가고 있었다.

발칸 반도가, 특히 유고슬라비아 지방이 본격적인 전쟁에 휘말리게 된 것은 19세기 초부터이다.

오스만 제국의 세력이 약화된 틈을 타 오스트리아와 헝가리 제국은 발칸 반도 전체를 지배하려 들었고

강대국으로 성장한 러시아가 지중해 진출을 위한 남하 정책으로 대슬라브 민족 단결을 외치며 분쟁에 끼어들었는가 하면

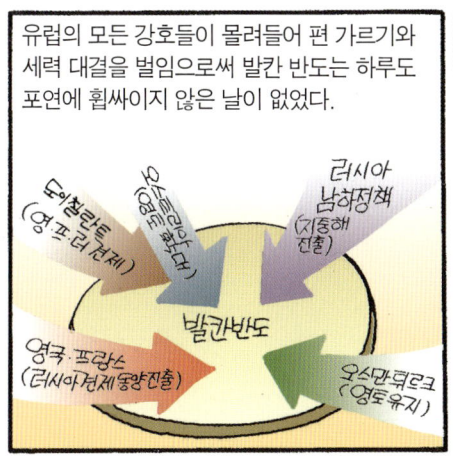
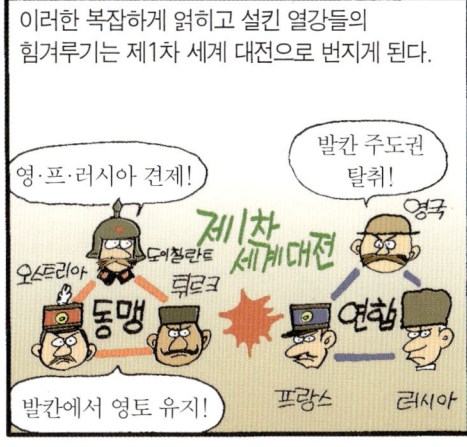

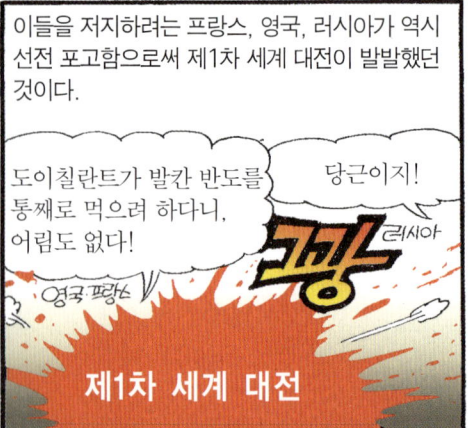

그러나 유고 왕국 내 민족 간의 분쟁은 더욱 심화되어 1934년 알렉산다르 국왕은 프랑스 방문 중 마르세유에서 암살되고 만다.

제2차 세계 대전이 터지자, 유고는 도이칠란트, 이탈리아 등 추축국 쪽으로 기울었으나

소련의 지원을 받는 사회주의 세력이 주도권을 잡으면서 반추축국 쪽으로 선회하고, 소련과 우호 불가침조약을 체결하자

1941년 4월, 히틀러는 선전 포고도 없이 베오그라드를 폭격하고 유고를 침공, 유고는 10일 만에 항복하였다.

그러나 티토가 이끄는 무장 저항 운동은 강력한 게릴라전으로 발전하였고, 공산주의자를 중심으로 1942년 유고슬라비아 반파시스트 민족 해방 평의회가 조직되어

Josip Tito
1892.5.7~1980.5.4
크로아티아인 아버지
슬로베니아인 어머니

치열한 게릴라 전투를 전개, 도이칠란트와 이탈리아 파시스트를 물리치는 데 큰 기여를 하였다.

1944년 10월 소련의 붉은 군대 지원을 업고 유고 인민 해방군은 수도 베오그라드를 점령, 1945년 5월에는 전 국토를 장악했고

인민 해방군 원수 티토를 수상으로 하는 유고슬라비아 연방이 탄생하게 되었다.

강력한 티토의 지도력으로 유고슬라비아는 1980년 그가 세상을 떠날 때까지 30여 년간 비교적 조용하고 단합된 시대를 보내게 된다.

그러나 이른바 '티토주의'로 지칭되는 유고의 독자 노선은 소련을 비롯한 동유럽 공산권과 번번이 충돌하였고

* 2006년 신유고 연방은 세르비아와 몬테네그로로 분리됨.

드디어 동유럽 공산권 국가들의 동맹인 코민포름은 1948년, 유고를 축출함으로써

유고는 더욱 독자적인 노선을 걷게 되었고, 친서방 노선으로 전환하지 않을 수 없었다.

히틀러의 유대인 인종 청소가 벌어진 1940년대, 그로부터 반세기나 지난 20세기 말에 또다시 이러한 비극은 반복되었다.

이에 인권과 윤리를 앞세운 미국과 나토 등 서방 세력이 개입하였으나 대량 살육은 계속되었고

1995년 데이턴(Dayton) 협정에 의해 평화 조약이 체결되고, 보스니아 내전은 4개 공화국 독립을 세르비아가 인정함으로써 일단락되었다.

그러나 그 평화도 잠시, 이번에는 코소보에서 또다시 전쟁이 터졌다.

신유고 연방 세르비아 영토 안의 알바니아 접경지대 코소보 주민이 독립을 요구하며 봉기를 한 것이다.

이 코소보 지역은 주민의 90% 이상이 알바니아인으로 절대다수를 차지하고 있는 만큼 그들의 독립 요구는 자연스러운 것이었고

세르비아에게 코소보는 1389년 터키 대군을 맞아 그들의 선조들이 장렬하게 죽음을 맞은 역사적 성지였기에 결코 독립을 용납할 수 없는 곳이었다.

세르비아인의 저항 정신과 민족정기가 서려 있는 민족의 성지를 알바니아계에게 넘겨줄 수 있겠는가?

코소보 전쟁은 비극 속에 일단 종결되었으나 근본적 해결은 전혀 이루어지지 않았고

유고 연방 수도 베오그라드에 오늘도 나토군의 공습이 계속되는 가운데 세르비아군의 알바니아계 주민 학살이….

콰쾅

쾅

정말 대책이 없는 동네야….

* 코소보는 2008년 2월 독립을 선언했으며, 우리나라도 2008년 3월 코소보를 주권 독립 국가로 공식 승인하였다.

세르비아군이 알바니아계 코소보 주민에게 자행한 무자비한 폭력과 만행은 전 세계의 분노를 자아내었다.

밀로세비치는 인류의 적이다!
코소보 주민을 구출하라!
베오그라드를 점령해야….
와 와 와 와

19세기에 시작된 발칸 반도의 전쟁은 21세기의 막이 오른 지금도 계속되고 있다.

발칸반도

동방 세력과 서방 세력이 만나는 발칸 반도의 비극

그것은 난기류와 한기류가 만나는 불연속선처럼 21세기 문명 충돌의 산 현장으로 죄 없는 발칸 민족들이 억울한 대가를 치르고 있다.

우리에게 평화는 언제나 오려나!

슬라브 세계의 라틴계 민족 국가
루마니아
Rumania

드라큘라의 전설로 유명한 트란실바니아 지방은 루마니아의 심장부이다.

나 드라큘라 백작은 실존 인물이었다.

그러나 내가 흡혈귀라는 건 영국 소설가가 지어낸 거짓이라고!

이 지방에 기원전 1세기경 다키아족이 이주하면서 루마니아의 역사는 시작된다.

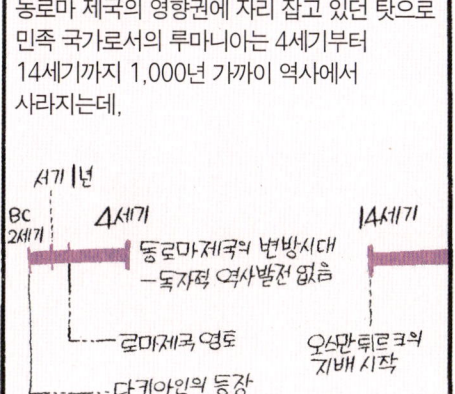

서기 106년, 로마 제국의 트라야누스 황제에 의해 정복된 뒤 로마인들이 대거 이곳으로 이주해 왔고

이곳을 로마의 영토로 선언하노라!

전체 인구의 90% 가까이가 로마인과 다키아인, 그리고 약간의 슬라브인의 피가 섞인 루마니아인으로 구성되었다. 슬라브 민족이 주종을 이루는 발칸 반도 유일의 라틴계 민족 국가가 루마니아라 할 수 있다.

동로마 제국의 영향권에 자리 잡고 있던 탓으로 민족 국가로서의 루마니아는 4세기부터 14세기까지 1,000년 가까이 역사에서 사라지는데,

그 사이 헝가리, 오스트리아 등 중앙 유럽의 강대 세력이 번갈아 이 지방을 지배했기 때문이다.

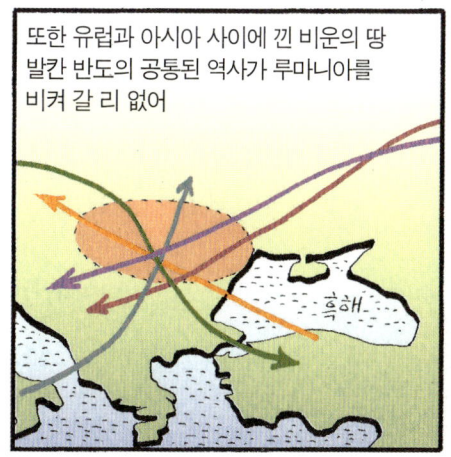

또한 유럽과 아시아 사이에 낀 비운의 땅 발칸 반도의 공통된 역사가 루마니아를 비켜 갈 리 없어

14세기부터 강대한 오스만 제국의 말발굽에 짓밟혀 500년 가까운 직·간접 통치를 받았다.

로마에게 정복당한 이후 튀르크로부터 19세기 말 독립하기까지

거의 1,900년간 이민족의 지배를 받았다.

대지주, 귀족으로 이루어진 보수당과 신흥 자본가를 대변하는 자유당은 오로지 자신들의 이익을 챙기기에 급급하여 정치 싸움을 계속했고

이들에게 철저히 수탈당하던 농민들의 고통은 극에 달하여

견디다 못한 농민들의 폭동이 계속되었으니 나라는 항상 불안과 공포의 연속이었다.

이 와중에 제1차 세계 대전이 터졌다. 도이칠란트, 오스트리아의 지배에 진절머리를 내던 루마니아는 당연히 그 반대편에 섰고,

허약한 이 나라는 단숨에 국토의 대부분을 도이칠란트, 오스트리아 군대에 점령당하고 말았다.

그러나 제1차 세계 대전은 연합국의 승리로 돌아갔고 피점령국이었던 루마니아는 하루 아침에 승전국의 하나가 되어

도이칠란트와 함께 패전국이 되어버린 헝가리와 불가리아의 큰 영토를 떼어 받는 행운(?)을 누리게 되었다.

그러나 제1차 세계 대전 후, 석유 개발로 외국 자본이 흘러 들어오면서 자본가 세력이 득세하는 한편으로

러시아 혁명의 여파로 사회주의 세력이 대두, 이 두 세력의 충돌로 사회는 불안과 무질서의 혼돈으로 빠져만 갔다.

또한 소련, 헝가리, 불가리아 등은 제1차 세계 대전 뒤 할양했던 영토를 반환하라고 압박해오는 등

루마니아 정국은 안팎으로 걷잡을 수 없는 풍랑에 표류하는 상황을 맞이하였다.

바로 그 기회를 이용하여 1940년 안토네스쿠의 독재 파시스트 정권이 성립되었다.

헐벗고 굶주린 국민을 외면하고, 외국 언론의 눈을 속여 마치 공산 천국을 이룩한 듯 허위 선전에 열을 올려온 차우셰스쿠.

그가 가장 존경하고 부러워했던 존재는 신격화되고 국민의 절대 충성을 강요했던 북한의 김일성이었다.

김일성을 본떠 폐쇄적이고 공포, 테러, 강압으로 일관하던 동유럽의 철저한 스탈린주의자 차우셰스쿠.

그러나 그에게도 1989년 동구권의 대개혁 물결이 덮쳤다.

전 동구권이 개혁의 물결을 타고 공산주의를 버리고 체제를 전환했는데도

차우셰스쿠는 끝까지 개혁을 거부한 채 공산주의 사수를 외쳐댔던 것이다.

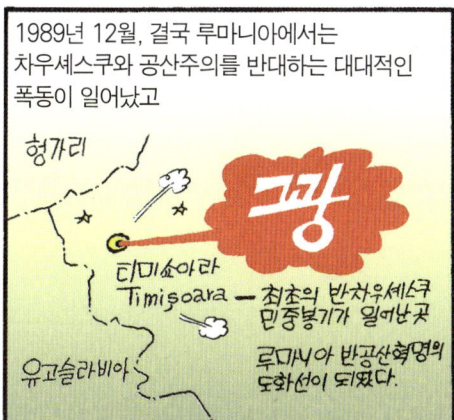

흑해 연안에서 만나는 아시아와 유럽
불가리아
Bulgaria

그리스 북쪽 흑해 연안의 발칸 지방은 원래 트라키아라 불렸고, 이는 여기 살았던 트라키아인에게서 유래한다.

지금의 불가리아, 루마니아 지방이 바로 그곳이다.

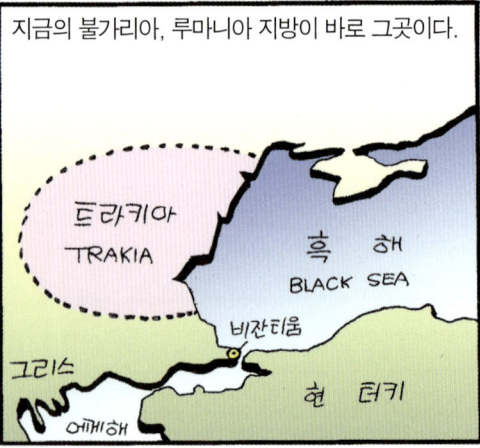

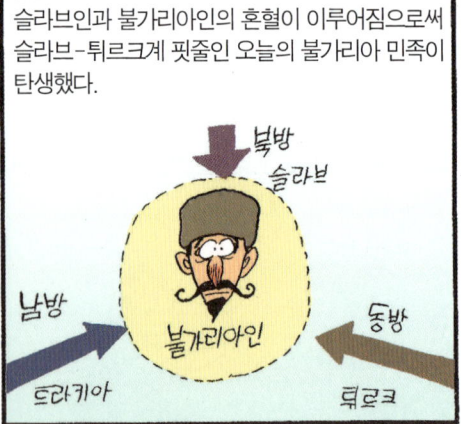

동로마 제국(비잔틴 제국)과 끝없는 전쟁을 계속하는 와중에서도 문화 교류를 활발히 하였다.

865년, 보리스 1세는 비잔틴의 종교인 그리스 정교를 받아들여, 불가리아는 지금까지 그리스 정교를 신봉하고 있다.

제1불가리아 제국의 전성기는 시메온 대왕(재위:893~927) 때로, 시메온 대왕은 발칸 반도의 최강자로 군림하였으나

그가 죽은 뒤 끝내 비잔틴 제국에 굴복, 약 170년간 지배를 받는다(1018~1185).

그러나 배타적 민족주의 성향이 강한 불가리아 민족은 끈질긴 저항을 계속해

드디어 허약해진 비잔틴 제국의 세력에서 벗어나 제2불가리아 제국을 건설하였다(1186~1396).

불가리아 민족의 끈질긴 저항 운동과 민족 봉기도 끝없이 계속되었으나

그때마다 잔혹한 튀르크군의 탄압으로 독립과 해방의 꿈이 물거품이 되기를 무려 500년.

그 혹심한 탄압과 감시에도 불가리아 민족은 끝내 그리스 정교를 지켰고, 종교는 그들을 단결시켜주는 그 무엇보다 단단한 사슬이었다.

민족 해방 운동이 전 유럽 약소민족에게 요원의 불길처럼 번지던 1876년, 불가리아는 또다시 독립운동의 횃불을 밝혔다.

때마침 지중해 진출을 노리고 남하 정책을 펴던 러시아가 '대슬라브 민족 단합'이라는 명분 아래 불가리아를 도와 튀르크와 전쟁을 벌였다.
(러시아-튀르크 전쟁, 1877~1878)

튀르크가 패전함으로써 불가리아는 500년 만에 튀르크의 지배 사슬을 끊고 광명과 자유를 얻게 되었다.

튀르크가 물러간 발칸 반도는 또다시 서구 열강들의 세력의 각축장이 되었다.

제1차 세계 대전이 터지자 도이칠란트, 오스트리아는 그리스를 차지하기 위해

불가리아에 군대의 진주를 요청했고, 그리스와 적대적이었던(이웃 나라가 늘 그렇듯) 불가리아는 이를 허용하였는데,

도이칠란트가 전쟁에서 지자, 불가리아도 덩달아 패전국이 되어 엄청난 불이익을 당해야 했다.

국내는 농민 세력, 공산당 세력, 군부 세력의 정권 싸움으로 극도로 혼란해졌고

30년대 들어 광풍처럼 유럽에 휘몰아친 극우 파시스트 열풍이 불가리아에도 불어 정치는 파쇼화해갔다.

그로부터 40여 년, 공산주의 변방 국가 불가리아는 이웃 루마니아, 알바니아와 함께 유럽에서 가장 가난한 국가로 전락하였고

발칸 반도는 언제 터질지 모르는 화약을 안은 채 역사의 전면에서 사라져버려 '은자의 3국'이 되었다.

그러나 1989년, 동구권에 밀려온 대개혁의 해일은 발칸 반도를 순식간에 덮쳤다.

이 해 11월에 터진 불가리아 국민들의 거센 민주화 요구는 결국 공산 정권을 무너뜨렸고

1990년, 불가리아 인민 공화국은 정식으로 불가리아 공화국으로 국가 명칭을 바꿈으로써 공산주의 노선을 포기하고 자유 민주주의로 전향하였다.

드디어 1992년, 불가리아 국민은 역사상 처음으로 자유선거로 국민이 원하는 민선 대통령을 뽑을 수 있었다.

불가리아는 세계 제1의 장미 기름 생산국이다. 장미 기름은 향수의 기초 원료가 되는 주요 수출 자원이다.

전국 곳곳에 거대한 장미 농원이 있고, 온 나라에 달콤한 장미의 냄새가 짙게 배어 있다.

그러나 불가리아 민족의 역사는 장미 향기처럼 아름답고 향기롭지 못하다.

모든 발칸 반도의 나라들처럼 슬픔과 한숨, 좌절과 분노로 그들의 역사는 얼룩져 있다.

그러나 흑해의 수평선 위에 오늘도 내일도 태양은 다시 떠오르고 장미는 피어난다.

앞으로 불가리아 민족이 보다 나은 미래를 위해 흘릴 땀방울의 향기도 결코 장미의 향기 못지않으리라.

세계에서 가장 굳게 닫혔던 문
알바니아
Albania

유럽의 여러 나라 가운데 우리나라에 가장 알려지지 않은 나라 중 하나가 알바니아이다.

너무도 오래, 그리고 굳게 닫혀 있던 나라의 문. 알바니아가 이제 조금씩 조금씩 조심스럽게 그 문을 열고 있다.

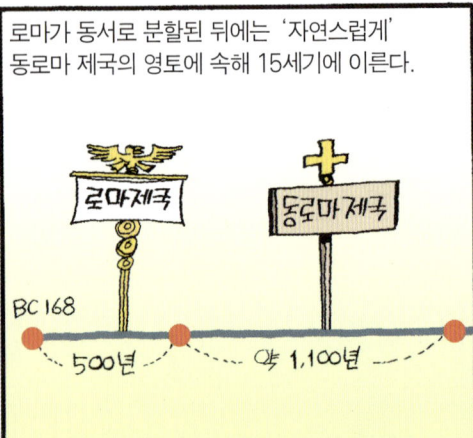

중국과의 관계를 더욱 강화하는 한편 소련, 유럽 공산국들과의 관계가 불편해지자

1969년에는 공산권 군사동맹 기구인 바르샤바 조약 기구에서 탈퇴하였다.

그리고 공산권 경제 협력 기구인 코메콘도 가입을 거부함으로써

폐쇄·고립 정책을 더욱 강화하였으나, 그 결과 국가 경제는 더욱 피폐해졌고 유럽에서 가장 가난한 국가가 되었다.

동구권이 몰락한 1989년 이후에도 알바니아는 전혀 개혁의 대열에 동참하지 않는 폐쇄 정책을 유지했으나

시대의 흐름을 거스르지 못하고 서서히 조심스럽게 체제 변화, 개방 정책으로 선회하는 과정에 있다.

알바니아인들이 최근 들어 세계적인 관심의 초점이 된 것은 세계 대전의 위기까지 거론되던 코소보 사태 때문이다.

코소보는 알바니아와 국경을 맞댄 유고 연방 세르비아 공화국의 일부로, 1만 887km² 넓이의 코소보 자치 지구다.

문제는, 코소보가 영토상 세르비아 공화국인데, 이곳 주민의 90% 이상인 180만 명이 알바니아인이라는 것이다.

철저한 이슬람교도이자 민족주의적인 알바니아계는 코소보의 독립을 요구하며 봉기했고

이에 못지않게 민족주의적인 세르비아는 이 요구를 무력으로 무자비하게 분쇄하기 위해

코소보 지역 알바니아계 주민에 대한 대량 학살을 감행하면서, 코소보 문제는 전 세계적 문제로 확대되었다.

* 코소보는 2008년 2월 독립을 선언했으며 우리나라도 2008년 3월 코소보를 주권 독립 국가로 공식 승인하였다.

세르비아로서는 이 지역을 포기할 수 없는 이유가 코소보 평원이 세르비아 민족의 성지로서

그들의 선조가 튀르크 대군과 맞서 끝까지 투쟁하고 장렬하게 전멸했던 역사적 성지이기 때문이다.

절대다수 주민을 이루고 있는 알바니아계는 목숨을 걸고 독립을 요구하고

세르비아는 코소보에서 모든 알바니아인을 몰아내는 인종 청소를 하는 한이 있어도 포기할 수 없다는 초강경 입장이었다.

그 결과 발칸 반도의 전형적인 분쟁인 민족 문제가 전쟁, 학살의 악순환으로 이어졌고

급기야는 미국, NATO 등 서방 세력이 개입하여 폭격 등 국제 전쟁으로까지 번졌던 것이다.

코소보 문제는 그 해결이 아직도 아득하기만 하다.

알바니아인들은 자기 나라를 슈키페리아(Shqipërija)라고 부른다. 이는 '독수리의 나라'라는 뜻이다.

독수리는 과거 로마 제국의 상징이자 용맹한 이들이 상징으로 삼은 문장에 사용됐는데

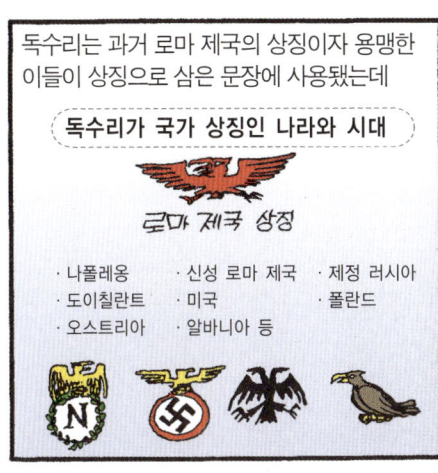

독수리가 국가 상징인 나라와 시대

로마 제국 상징

· 나폴레옹   · 신성 로마 제국   · 제정 러시아
· 도이칠란트 · 미국   · 폴란드
· 오스트리아 · 알바니아 등

알바니아인들은 독수리처럼 용맹하고 고집이 세고 양보와 타협을 모르는 민족인 것이다.

발칸 반도에서 가장 작은 나라인 알바니아. 과거의 쓰라린 역사에서 유럽 대륙 안의 동방 국가로 머물러온 이 나라가

독수리처럼 유럽 하늘을 비상할 날은 언제 올까?

민주주의로 돌아온 그 멀고도 험난했던 길

그리스
Greece

유럽 문화의 요람 그리스, 이 나라의 수천 년 역사를 좁은 지면에 다 담는다는 것은 도저히 불가능하다.

차라리 동유럽에서 최초로 자유와 독립의 깃발을 올린 19세기 이후의 근·현대사만을 다루는 것이 현대 그리스 이해에 더 큰 도움이 될지 모른다.

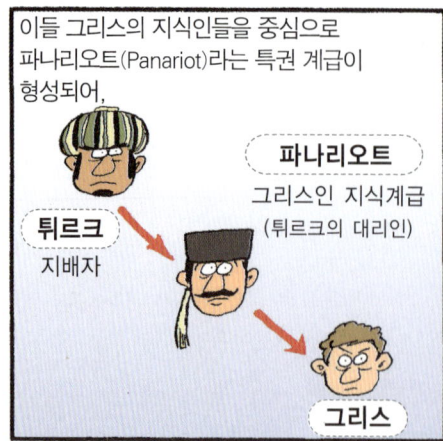

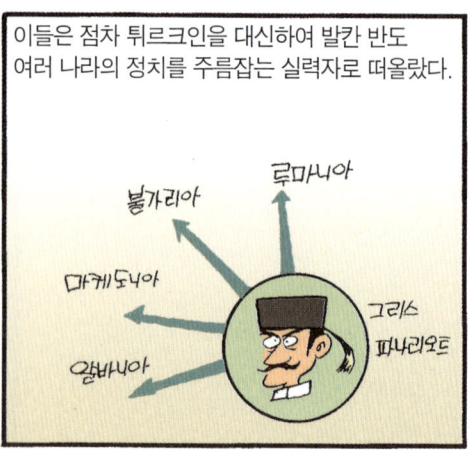

1924년 최초로 공화파가 승리하여 공화국을 선포하면서 그리스의 정국은 끊임없는 정변과 쿠데타로 몹시 불안했고

결국 1936년 극우 파시스트들이 정권을 장악할 때까지 국정 혼란이 계속되었다.

집권 파시스트 정권 아래 그리스는 다시 제2차 세계 대전에 휩쓸리는데

지중해에서 가장 중요한 전략적 요충지인 그리스는 이탈리아와 나치 도이칠란트 군대에 점령되고 만다.

도이칠란트군 점령 아래, 그리스에는 자본가를 비롯한 나치 협력 세력과 이에 반대하는 사회주의 세력이 충돌하여

사회주의 세력을 중심으로 나치 점령군에 대한 지하 저항 운동이 거세게 벌어졌다.

미니 국가들

이웃 나라에 기대어 살아도 우리는 독립 국가!

미니 국가들
Greece

· **바티칸** (Stato della Città del vativcano)

0.44km²의 국토(?)에 인구 900명(2008)의 세계에서 가장 작은 나라.

우리 학교 학생 수보다 인구가 적네.

그러나 전 세계 수억 명의 신도를 '국민'으로, 그들이 숭배하는 '황제' 교황을 주인으로 하는 세계에서 가장 큰 나라가 또한 바티칸이다.

* 전체 추기경은 182명(2010).

* 1999년까지 바티칸 리라 사용. 현재는 유로 사용 중.

· 안도라 공국 (Principat d'Andorra)

피레네 산맥 깊은 계곡에 자리 잡은 468km²의 작은 나라 안도라는 기묘한 정치 형태를 지니고 있다.

원래 이 안도라 지방은 9세기경 영주 우르헬(Urgel) 백작의 소유였는데

그가 죽으면서 영지 상속을 꽤 골치 아프게 해 분쟁의 씨앗을 남겼다.

두 상속인 사이에 영지 지배권 분쟁이 계속되자

결국 1278년부터 공동 통치에 들어가게 되었는데,

푸와 백작은 이 땅의 소유권을 프랑스 왕에 넘겨버렸다.

현재 안도라의 공식적인 소유권자는 프랑스 대통령으로 되어 있고 안도라의 외교도 프랑스가 대신한다.

그리고 스페인 출신인 우르헬 주교가 로마 교황의 지배를 받는 해도, 유럽 어느 나라도 국제법상 안도라를 차지할 권리가 없다.

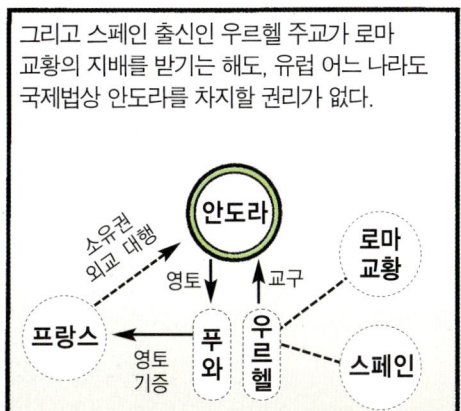

그러나 이 작은 나라는 주권 국가이고, 프랑스와 스페인도 이 문제로 다툴 이유가 없기 때문에

프랑스 경찰과 스페인 경찰이 1년씩 교대로 안도라의 치안을 맡아주고 있다.

대신 안도라 국민은 프랑스 대통령과 우르헬 주교에게 매년 '세금'을 바치되,

세금이 없는 쇼핑 천국으로 관광객을 부르고 있으며, 세계적으로 유명한 '안도라 우표' 판매 수입으로 교육비를 너끈히 감당한다.

* 1999년 화폐가 유로로 통일.

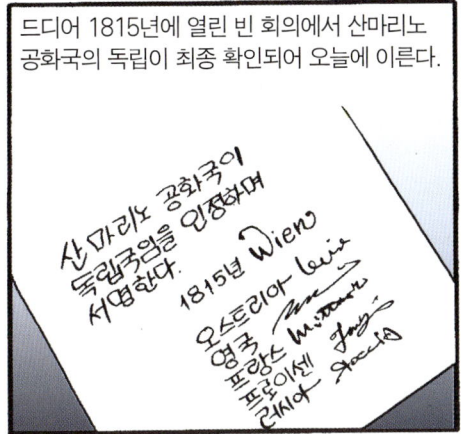

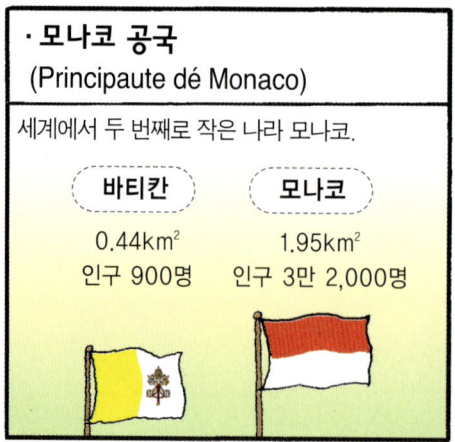

*2005년부터 아들 알베르 2세로 이어짐.

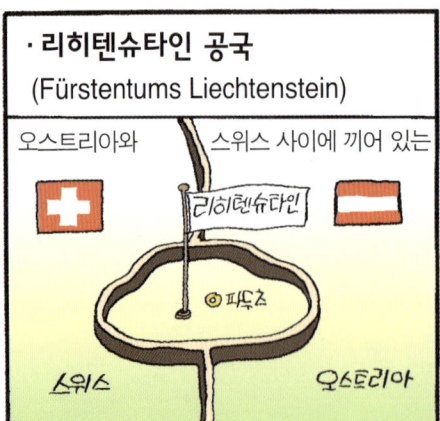

유럽 연합

보이지 않는 사이버 국가가 현실로!
유럽 연합
EU

유럽 대륙의 통일! 이를 꿈꾸어보지 않은 유럽의 통치자가 있었던가!

King of the Kings!

유럽

최초의 절대 강자로 대륙을 호령했던 로마 제국이 멸망한 이후,

유럽의 강력한 통치자들은 로마 제국의 부활을 꿈꾸며 통일 유럽 국가를 세우려는 야심을 불태웠다.

신성 로마 제국을 건설한 오토 대제. 강력한 절대 왕정을 수립한 프랑스 루이 14세가 그랬고

나폴레옹과, 가깝게는 히틀러도 통일 유럽 국가를 꿈꾸었으나 이들의 꿈은 항상 물거품이 되고 말았다.

그것은 유럽 대륙이 철저한 민족 국가들로 이루어져 있고, 또한 문화적 뿌리를 달리하고 있기 때문에 근본적으로 무력에 의한 융화란 불가능한 것이었다.

따라서 정복자들은 총칼을 앞세워 인위적으로 통합 유럽을 '제조'하려 했지만 번번이 그 야망은 좌절될 수밖에 없었다.

그러나 총 한 방 쏘지 않고 한 방울의 피도 흘리지 않고도 통일된 유럽 국가가 태어나는 기적이 일어났으니

이는 민족과 문화적 뿌리를 뛰어넘는 유럽 시민들의 '하나의 국가'를 향한 거대한 공감대가 형성되었기 때문이다.

바로 이 공감대가 유럽 연합(EU：EUROPEAN UNION)이라는 가상 국가를 탄생시킨 것이다.

더욱이 1990년대 들어 공산권이 붕괴되면서 미국의 독주 시대가 열려 세계 질서를 좌지우지하게 되자

견제 세력이 없는 미국 지배 체제에 위기감을 느낀 유럽 국가들은

미국에 대항할 수 있는 강력한 유럽 단일 체제의 필요성을 절감하게 되었고

마치 이상처럼, 어쩌면 실현이 영원히 불가능해 보이기만 했던 단일 유럽 국가 체제를 출범시키는 데 성공하였다.

* European Coal & Steel Community

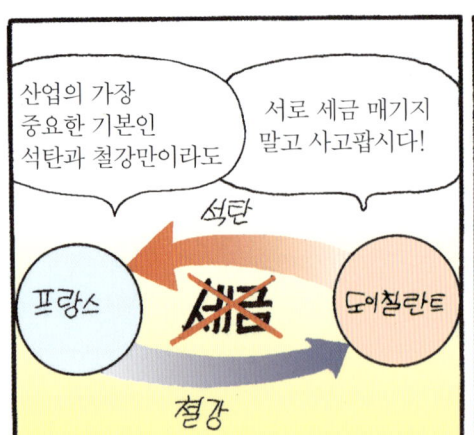

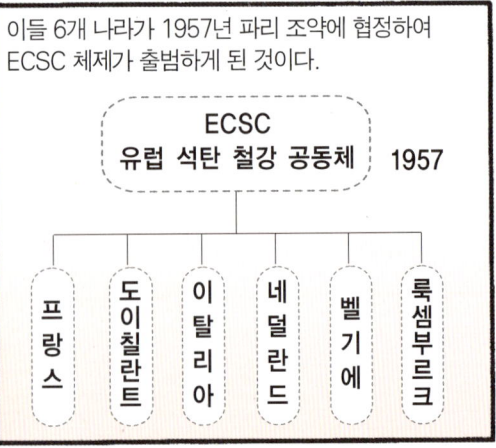

그래서 1966년부터 1985년까지 ECSC 체제는 긴잠에 빠진 듯하였으나 알게 모르게 이 체제를 유럽 공동체로 바꾸어나가는 변화가 일어나기 시작했다.

- 1968년 회원국 간 관세 장벽 철폐
  → 관세 동맹으로 발전
- 1969년 유럽 정치 협력체 구성(EPC)
- 1975년 유럽 정상회담
- 1978년 유럽 통화 제도 마련(EMS)

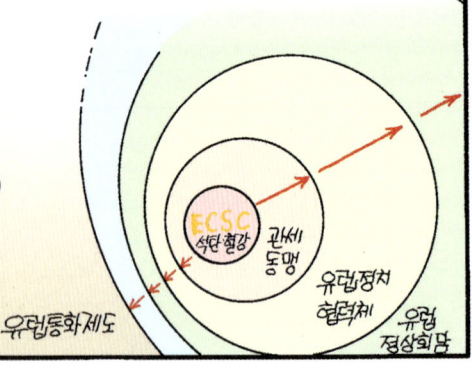

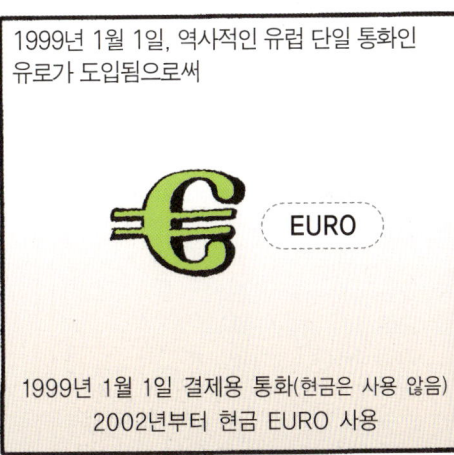

전 유럽 40여 개 나라가 단결하여 이룩해낼 유럽 연합, 나아가 유럽 합중국은 누가 뭐래도 미국의 독주를 견제할 수 있는 유일한 세력이 되고 있으며

미국, 아시아 경제권과 강력히 맞서는 세계 최대, 최강의 시장이 될 것이다.

그러나 그 앞날이 결코 순탄하지만은 않다.

수많은 민족 국가들의 집합체인 유럽 연합이 각 민족과 회원국들의 이해관계에 발목이 잡혀

서로 간에 밀고 당기는 실랑이가 계속되고 공동의 목표 달성에 상당한 어려움이 뒤따르고 있기 때문이다.

60년에 걸쳐 태어나는 사이버 국가 유럽 연합이 눈에 보이는 옥동자로 태어난다 하더라도 빛과 그림자를 함께 안고 태어나는 운명을 피할 수는 없다.

이원복 교수의
세상만사 유럽만사

끝